명문동양문고

28

列子

열자 (上)

김학주 譯

明文堂

범례凡例

1. 이 역주(譯註)의 대본은 진(晉)나라 장심(張諶)이 주를 단 「열자」의 송판본(宋版本)을 쓰고, 해제에서 소개한 다른 해설가들의 책도 참고하였다.

2. 읽는 이의 편의를 위하여 일 편을 다시 여러 대목으로 나누어 놓았다.

3. 역문은 되도록이면 쉬운 현대말을 사용하되, 가능한 한 본문의 어순(語順)을 살리기에 힘썼다.

4. 주(註)는 본문에 입각하여 되도록이면 간편하게 꼭 필요하다고 인정되는 부분에 달음으로써 아울러 본문을 읽는 이에게 도움이 되도록 하였다.

목차

1. 「열자(列子)」란?

「열자」는 옛날부터 「노자(老子)」, 「장자(莊子)」와 함께 이른바 도가삼서(道家三書)로서 널리 읽혀온 책이다. 여기에는 제자백가(諸子百家)들의 어느 책보다도 풍부한 고대의 우화(寓話)가 실려 있다. 그리고 오랜 역사를 두고 중국 사람들의 생활과 윤리와 문학과 꿈을 길러온 유가(儒家)와는 다른 일면의 사상이 실려 있다. 유가들은 현실에 입각하여 사람들의 현실생활을 어짊과 의로움에 바탕을 둔 예교(禮敎)로서 일정한 형식에 의한 사회질서를 지탱하려 하였다. 따라서 유가들의 그러한 노력은 사람들의 행동이나 생활을 지나치게 형식화하여 인간생활을 무기력하게 만드는 경향이 많았다. 문학에 있어서도 유가들은 도의(道義)를 창작의 바탕으로 삼았기 때문에 그 결과는 지나치게 규식화(規式化)하여 무기력하고 무미건조한 것으로 만들기 일쑤였다. 그러나 「열자」를 비롯한 도가들은 이러한 유가들의 현실적인 가치기준을 일단 부정하고 거침없이 참다운 인간성의 발양

(發揚)에 힘썼다. 그 결과 명욕(名辱)과 빈부(貧富)와 수요(壽夭)는 물론 대소(大小), 미추(美醜) 같은 일반적인 가치관을 초월하여 자연에의 융화를 찬양하며 중국인의 생활이나 문학에 생기(生氣)와 윤택(潤澤)을 불어 넣어 주었다.

그래서 중국 사람들은 사회가 어지럽거나 자기 자신이 뜻을 이루지 못했을 적에는 대개 이들 도가의 지혜를 빌어 어려움 속에서도 정신적인 여유와 자기 만족을 찾을 수가 있었다. 이것은 나쁜 뜻에서나 좋은 뜻에서나 동양적인 일면을 가장 잘 대표하는 사상이라고 말할 수도 있을 것이다.

「열자」는 유가와 같은 일반 사회에서 유지되는 가치관을 일단 모두 부정하였으므로 정신적으로 자유로울 수가 있다. 따라서 「열자」는 역사적인 사실과 관련시켜 해석하기는 어려운 성격의 것이다. 그것은 「열자」 속에는 실재로 존재하지 않았던 것 같은 우의적(寓意的)인 인물이 많이 나온다는 것만으로도 증명될 것이다. 비록 역사적인 인물이라 하더라도 등장하는 두 사람의 생존 연대가 1, 2백 년쯤 어긋나는 경우도 허다한 것이다. 그는 역사적인 인물들의 사적(事蹟)이라 하더라도 대개의 경우 역사적인 사실로서가 아니라 자기 이론을 전개하는데 필요한 우화적(寓話的)인 재료로서 거침없이 사용하고 있는 것이다. 이것은 그의 사상이나 마찬가지로 그의 문장이 얼마나 자유분방한 것인가를 암시해 주기에 충분한 것이다.

다만 「도가삼서」 중에서도 「열자」는 특히 처음부터 끝까지 한 가지 뚜렷한 사상의 밑받침이 있는 게 아니라 잡다(雜多)한 성격의 글들이 섞여 있다. 다만 도가사상이 전체적으로 볼때 그 기저(基底)를 이루고 있다는 것뿐이다. 이처럼 「열자」의 내용이 잡다하다는 것은 열자라는 사상가 개인을 놓고 볼 적에는 문제가 많이 생기겠지만, 중국 고대 사람들의 사고방식을 아는 데에는 오히려 무엇보다도 편리한 자료를 제공하게 된다. 「우공이산(愚公移山)」, 「망양다기(亡羊多岐)」 등 「열자」에 나온 우화들이 지금까지도 중국 사람들에게 전고(典故)로서 흔히 쓰이고 있는 것은 잡다한 그 성격이 오히려 중국 고대 사람들의 생활에 무엇보다도 친근하게 접근할 수 있었기 때문이라고 생각된다.

2. 열자의 생애(生涯)

열자는 성이 열(列)이고, 이름은 어구(禦寇·圄寇·圉寇로도 쓴다)이며, B.C. 400년경 정(鄭)나라에서 태어났다 한다.

열자의 생애는 매우 분명치 않아서 대략 노자(老子)의 제자이며 장자(莊子)의 선배로서 공자(孔子)와 맹자(孟子) 중간에 생존하였던 것으로 알려져 있다. 반고(班固)의 「한서(漢書)」를 비롯하여 현대의 전목(錢穆), 엄령봉(嚴靈峯) 같은 학자들이 모두 열자를 장자에 앞선 도가의 사상가라 믿고 있다.

그러나 사마천(史馬遷)의 「사기(史記)」에도 그의 전(傳)이 없으며, 「장자」의 천하(天下)편에는 제자(諸子)를 열거하고 있으면서도 열자만이 빠져 있으며, 순자(荀子)가 제자들을 비평한 글 속에도 열자의 이름은 보이지 않는다.

따라서 열자의 생존 자체를 의심하는 학자들도 있다. 특히 「장자」에는 열자가 바람을 타고 허공을 밟고 다녔다는 신선 얘기 같은 기록이 있어 열자의 존재를 더욱 의심케 한다.

그러나 이처럼 열자의 생애가 애매하다고 해서 열자의 생존 자체를 부정할 만한 뚜렷한 근거가 있는 것도 아니다. 열자가 살았던 정(鄭)나라는 동서(東西)로 송(宋)나라와 주(周)나라에게 눌리고, 남북으로는 초(楚)나라와 위(衛)나라의 압력을 받고 있던 작은 나라였다. 황하(黃河)를 면한 지금의 하남성(河南省) 근처에 있던 나라인데, 전국시대(戰國時代)에 이르러 한(韓)나라에 멸망당하고 말았다. 이처럼 세력도 약한 조그만 나라에서 별반 벼슬도 안하고 다른 제자들처럼 외국을 유세(遊說)하는 일도 없이 살았다면, 그의 생애가 자세하지 않다는 것은 오히려 당연하다고 할 수 있을 것이다. 세상의 영욕(榮辱)을 초월했던 그가 일반 명사들처럼 남이 특기할 만한 뚜렷한 전기를 남기고 있다면 오히려 그것이 의심스럽다고도 할 수 있을 것이다.

그래서 반대로 「장자」나 「산해경(山海經)」 같은 책이야말로 「열자」의 얘기를 베낀 것이며, 「한서」 예문지(藝文志)의 기록처럼 열자는 장자에 앞선 실재 인물이었다고 강경한 주장을 펴는 이도 많았다. 현대에도 엄령봉(嚴靈峯)이 그러한 주장을 하고 있다.

3. 「열자」란 책에 대하여

열자가 실제로 생존했던 인물이라 하더라도 지금 우리가 보는 「열자」가 열자 자신이나 열자의 제자들이 써놓은 것이라고 믿기는 어렵다.

「한서」 예문지(藝文志)에는 「열자」 8편이 실려 있으니, 열자가 저서를 남긴 것만은 거의 틀림없다. 그러나 지금 우리에게 전하여지는 「열자」는 「한서」 예문지의 것과 편수(篇數)가 꼭 들어맞기는 하지만, 사실은 이들은 서로 다른 것일 가능성이 많다.

지금의 「열자」를 읽어보면, 열자가 남에게 조롱을 당하는 얘기가 있는가 하면, 열자가 무당에게 마음을 빼앗겼다가 선생에게 야단을 맞는 얘기, 열자가 자기의 활쏘기 재주를 동료 선배에게 시험을 받았는데 높은 낭떠러지 위에 가서는 꼼짝도 못하고 진땀만 흘렸다는 얘기, 열자가 외계(外界)의 변화에만 마음을 빼앗기어 자기 내면의 변화를 잊고 있다가 스승에게 꾸지람을 받는 얘기 등이 있다. 이런 사실은 지금의 「열자」가 순수하게 그의 제자들의 손에 의하여 씌어진 것도 아님을 증명하는 것이다. 그래서 예부터 유종원(柳宗元) 같은 이는, 이 책은 여러 사람들이 빼고 더 보태고 한 것임을 지적하였고, 임희일(林希逸)은 편중의 문장이 한결같은 문체가 아니므로 한 사람의 손에 의하여 씌어진 게 아님을 지적하였고, 고사손(高似孫), 송렴(宋濂) 같은 사람들도 모두 후인들이 이것저것을 주워 모아 이룩해 놓은 것이 현재의 「열자」라고 주장하였다.

곧 「열자」는 제자백가들의 얘기들을 주워 모은 것이라는 것이다. 「열자」 속에는 「장자」에 실린 것과 같은 내용의 얘기가 20종 가까이나 있다. 그리고 특히 열자의 본 사상과는 직접 관계 없는 양주(楊朱)의 말이 양주편(楊朱篇)을 비롯하여 여러 곳에 보인다. 그 밖에 신선가(神仙家)의 얘기가 있는가 하면 「논어(論語)」의 구절도 보이고 「맹자(孟子)」에 맞추어 지어진 것 같은 얘기들도 있다. 도가에 있어서도 「장자」 이외에 노자(老子), 관윤(關尹), 육웅(鬻熊), 항창자(亢倉子) 등 여러 사람들의 말이 들어 있고, 「회남자(淮南子)」, 「산해경(山海經)」, 「한비자(韓非子)」, 「여씨춘추(呂氏春秋)」 등과 중복되는 얘기들도 보인다. 그래서 호적(胡適) 같은 이는 그의 「중국철학사대강(中國哲學史大綱)」에서 「열자」는 믿을 수 없는 책이라고까지 잘라 말하고 있다. 마서륜(馬敍倫)은 「열자위경고(列子僞經考)」에서 「열자」의 본문은 물론 「열자」의 권두(卷頭)에 붙어 있는 유향(劉向)의 서록(叙錄)까지도 후인의 작이라 하였다. 곧 그는 「열자」는 한(漢)대도 지나 진(晉)나라 시대에 이루어진 가짜라고 주장했던 것이다.

어떻든 「열자」는 이미 존재하는 여러 책들로부터 여러 가지 얘기들을 주워 모아 한(漢)나라 시대 이후에 그 원형(原型)이 이루어진 것이라 보는 게 온당할 것 같다. 사마천의 「사기」에 열자에 관한 기록이 없고, 「장자」의 천하편에 제자들의 이름을 들면서도 열자를 빼놓고 있다는 사실이 그러한 가정(假定)을 뒷받침해 준다. 그러나 여러 책에서 주워 모았다 하더라도 없어지고 남은 그 시대의 「열자」가 다른 얘기를 보태어 가짜를 만들어내도록 만들 만큼 매력적인 내용과 사상을 담고 있던 것임에는 틀림없다.

지금 전하는 「열자」에 관한 중요한 주석서(注釋書)로는, 다음과 같은 것이 있다.

「열자」 8권 〈진(晉) 장잠(張湛) 주(注)〉.

「열자석문(列子釋文)」 〈당(唐) 은경순(殷敬順) 주석(注釋), 뒤에는 장잠의 주와 합쳐 한 책으로 간행되었다.〉

「열자권재구의(列子鬳齋口義)」 〈송(宋) 임희일(林希逸) 주(注)〉.

이 밖에 우리나라의 주역(註譯)으로는, 고(故) 김경탁(金敬琢) 교수의 「열자」가 자유교양추진위원회에서 출간되어 있다.

4. 열자의 사상(思想)

「열자」는 대체로 노자(老子)의 사상을 계승한 도가서이다. 그러나 그 속에는 잡다한 얘기들이 섞여 있어 처음부터 끝까지 완전한 도가사상으로 일관된 책이라 보기는 어렵다. 그러나 그 대체적인 기조(基調)가 도가사상이며, 그 내용은 도가 중에서도 「장자(莊子)」에 가장 가까운 것이라고 말할 수 있을 것이다.

그는 상대적인 차별이 있는 일반적인 현상을 초월한 절대적인 「자연의 도」의 존재를 인정한다. 그는 인간사회에 있어서의 모든 대립을 없애고 절대적인 가치기준을 없앰으로써 그러한 「자연의 도」에 처신할 수 있다고 믿었다. 따라서 대우주(大宇宙)에 대한 소우주나 같은 사람들도 자연처럼 시비(是非), 선악(善惡), 호오(好惡), 희우(喜憂), 영욕(榮辱) 따위의 상대적인 감정이나 욕망의 소용돌이를 초월하여 공허무위(空虛無爲)한 경지에 안립(安立)하여야 한다는 것이다. 이러한 「자연의 도」에 이르는 수도(修道) 방법에 대하여는 노자보다도 그 해설이 자세하다. 그리고 많은 학자들이 그의 공허무위의 사상은 불교(佛敎)사상과 통하는 것이라고 보고, 그런 점은 진(晉)나라 시대 사람들의 손에 의하여 보충되었기 때문이라 주장하고 있다. 여하튼 이러한 열자의 사상에 입각해 보면, 노예나 임금이나 행복의 차이가 없게 된다. 노예가 낮에는 고생하지만 밤에는 꿈에 임금이 되고, 임금은 낮에 임금 노릇을 하지만 밤에는 반대로 노예가 되어 괴로움을 당할 수도 있다. 이런 경우에는 노예나 임금이나 완전히 같은 정도의 행복을 누린다고 할 수 있다. 그는 현실과 꿈의 이질성(異質性)을 인정하지 않는다. 이것은 현실과 환상(幻想)의 이질성조차도 거부할 수 있게 된다. 따라서 열자와 같은 도가사상은 사람들의 불만을 축적(蓄積)케 하지 않는다. 인간의 적극적인 의지에 의한 노력과 발전을 부정하는 한편, 소극적인 자기만족을 추구할 수 있는 터전을 마련하는 것이다. 그리고 현실세계의 모든 현상은 숙명(宿命)으로 돌리고 간단히 체념해 버린다.

그는 삶과 죽음에도 아무런 본질적인 차이가 없는 것이라 주장한다. 삶이 오는 것이라면 죽음은 가는 것, 모두가 자연현상의 일면이어서 기뻐하거나 슬퍼할 게 못되는 것이라 한다. 사람이란 무의미한 가치기준을 스스로 세워놓고 성을 내기도 하고 기뻐하기도 한다. 마치 원숭이를 기르는 저공(狙公)이 원숭이들에게 밤을 적게 주려고 「아침에 세 개, 저녁에 네 개 주겠다.」니까 원숭이들이 성을 내기에, 「아침에 네 개, 저녁에 세 개 주겠다.」고 말하자, 원숭이들이 기뻐하더라는 「조삼모사(朝三暮四)」가 바로 인간들이라는 것이다.

이러한 어리석은 판단으로부터 벗어나려면 먼저 자기를

둘러싸고 있는 외물(外物)의 간섭을 받게 되어서는 안된다. 외물에 사로잡히기만 하면 이해득실(利害得失)이 그의 마음을 지배하게 되어 시비와 이해를 따지며 명리(名利)를 위하여 바쁜 듯이 몰아치게 된다. 그런 사람은 잠시도 편안한 마음을 지닐 새 없이 일생을 마치게 된다. 그처럼 무의미한 외물의 존재를 잊음으로써 외물의 간섭으로부터 벗어나기만 하면 사람은 자유로운 인간이 될 수 있다. 자기 밖에 외물이 있다는 것을 잊고 외물이 되어가는 대로 자기를 내맡기어 완전히 자연스럽게 되기만 하면, 그 사람은 진정한 이 세상에서의 자유를 누리게 된다. 물에 뛰어들어도 빠져 죽지 않고 불에 뛰어들어도 타 죽지 않으며, 천지사방을 자유로이 노닐 수 있게 된다. 이러한 주장 때문에 열자 자신은 바람을 타고 다니는 신선처럼 분식(扮飾)이 가해지고(「장자」), 이러한 풍조가 후한(後漢)으로부터 육조시대(六朝時代)에 이르는 과정에서 음양도(陰陽道)와 결합하여 「도교(道敎)」로 발전한다. 그래서 도교의 도사(道士)들은 불로장생(不老長生)을 얘기하면서 여러 가지 신비스런 선술(仙術)을 추구하게 되는 것이다.

「열자」에서도 「무위(無爲)」를 주장하고 있다. 일반사회의 모든 가치기준을 부정하고 외물의 간섭을 잊으면서 자연스럽게 살아간다는 것은 이미 「무위」를 뜻한다. 그러나 열자는 노자처럼 그러한 방법에 의한 현실참여는 별로 생각하지 않았던 것 같다. 「노자」에서는 「무위함으로써 스스로 교화(教化)되게 한다.」고 「무위」의 사상을 정치이념에까지 확장시켜 생각하고 있다. 그러나 열자는 정치와의 관련 또는 백성들을 지배하는 방법으로서의 「무위」는 관심이 없었던 것 같다. 노자보다도 열자는 훨씬 현실 사회를 등졌던 것 같다. 따라서 「장자」에 보이는 것 같은 현실에 대한 개탄 (慨歎)이나 비판정신은 물론 그 문제에 있어서는 풍자적인 경향까지도 「열자」에는 보이지 않는다.

5. 「열자」의 양주(楊朱)

「열자」에는 양주의 말을 모아놓은 「열자」 자체와는 독립된 양주편(楊朱篇)이 한 편 들어 있다. 양주편 이외에도 황제 (黃帝), 주목왕(周穆王), 중니(仲尼), 역명(力命), 설부(說符) 등 여러 편에 여기저기 「양주왈(楊朱曰)」, 또는 「양자왈(楊子曰)」로 시작되는 양주의 주장이 보인다.

양주는 묵자와 같은 시대에 산 노자의 제자라고 한다. 양주는 남을 위해서는 자기 몸의 터럭 한 개도 뽑지 않겠다는 철저한 위기주의자(爲己主義者)였기 때문에 남을 위하여 책을 지어놓았을 리가 없다. 주장은 다르지만 동문(同門)의 의리로서 열자가 그의 저서에 양주의 말을 많이 소개하면서 일부러 양주편이란 그의 사상을 논술한 한 편을 마련했는지도 모른다. 그러나 「열자」 이외에도 「장자」를 비롯하여 「한비자(韓非子)」, 「순자(荀子)」, 「맹자(孟子)」, 「여씨춘추(呂氏春秋)」 등 여러 곳에도 그의 말이 보인다. 양주의 사상의 요점은 사람이란 무엇보다도 「자기를 존중하고」, 「물건은 가벼이 여기고 삶을 소중히 한다.」는 것이다. 말하자면, 사람들이 추구하는 것은 모두가 개인의 이익을 바탕으로 하고 있는 것이며, 모든 개인이 올바로 자기의 이익과 욕망을 추구하여 만족스러운 생활을 할 수 있으면, 이 세상도 자연히 평화로워질 거라는 것이다. 따라서 그는 구체적으로 사람들의 감각적인 욕망도 긍정한다. 사람이 아름다운 음식을 맛보지 못하고, 아름다운 물건을 감상하지 못하고, 아름다운 음악을 듣지 못한다면 아무런 삶의 보람도 없을 거라는 것이다. 따라서 사람은 자기의 욕망이나 감각의 요구를 추구하며 살아가야 한다는 것이다. 이것은 결과적으로 숙명론(宿命論)으로 귀착되어 되는 대로 자기의 욕망과 이익을 추구하며 걱정하지 않는다는 점에서 열자와 어느 정도 서로 통하게 된다.

이러한 극단적인 양주의 이기주의(利己主義)는 묵자의 겸애주의(兼愛主義)와 정반대라는 입장에 놓인다. 양주는 자기만을 위하며 되는 대로 살아가야 한다는 데 비하여, 묵자는 온 세상 사람들을 다같이 사랑하면서 부지런히 일하며 검소하게 생활할 것을 주장하는 것이다.

그러나 「맹자(孟子)」에서는,

「양주와 묵적(墨翟)의 이론이 세상을 휩쓸고 있어서 이론이라면 양주의 일파이거나 묵적의 유파(流派)를 따르고 있다.」(滕文公篇)

면서, 이들을 모두 비난하고 있다.

특히, 「양주는 이기주의자다. 한 개의 터럭을 뽑기만 하여도 천하의 이익이 되는 경우라 하더라도 절대로 뽑으려 들지 않는다.」(盡心篇)

고 맹렬한 비난을 하고 있다. 그러나 맹자가 이처럼 강경한 발언을 할 정도로 묵자와 함께 양주의 사상은 당시에 큰 영향력을 가졌던 것 같다. 그러나 그의 사상은 더 이상 후세로 계승되지 못하고 거의 소멸되어 버렸다.

만약 「열자」에서 그처럼 양주의 사상을 소개하지 않았다면, 지금 우리는 양주에 대하여 중요한 몇 가지 이외에는 알 길이 없을 것이다. 열자가 동문의 의리에서 그의 이론을 자기 책에 소개하였던가, 또는 후세 사람들이 양주의 말을 「열자」 속에 끌어 넣었던가를 막론하고 「열자」는 열자의 사상뿐만 아니라 양주의 사상을 연구하는 데 있어서도 가장 중요한 근거가 된다.

그러나 「열자」의 양주편을 보는 학자들의 눈은 구구하다. 「호적(胡適)」 같은 학자는 「열자」의 양주편이 진짜 양주의 학설과 이론을 적은 것이라 주장했고(中國哲學史), 양계초(梁啓超)를 비롯한 많은 학자들은 그 사실에 의문을 제시하였다.

양계초는 다음과 같이 주장하였다.

「양주편에서 얘기하고 있는 것은 모두가 진(晉)나라 시대 청담가(淸談家)들의 퇴폐사상(頹廢思想)이다. 주(周)나라 시대부터 진(秦)나라에 이르는 사이의 제자(諸子)들은 어느 유파(流派)를 막론하고 모두 적극적인 정신이 풍부하다. 절대로 이처럼 활기 없는 허무주의(虛無主義)란 있을 수가 없는 것이다.」

그러나 양주편이 양주의 사상과 전혀 관계가 없다 함은 잘못인 듯하다. 다만 양주편에는 양주의 사상을 대표하는 극단적인 이기주의에 관한 면목이 보이지는 않는다. 양주 편에서는 양계초의 표현처럼 퇴폐적인 쾌락주의(快樂主義)가 두드러지게 강조되고 있다. 인생은 짧고 못난 사람이나 잘난 사람이나 사람이라면 모두 결국은 한 줌의 흙으로 변하고 만다. 그러니 사람이라면 살고 있는 동안 헛된 명예나 재물에 사로잡히어 고생하지 말고 가능한 대로 자기 욕망과 감정이 하고픈 대로 행동해야 한다는 것이다. 말하자면, 짧은 동안이라 하더라도 최대한의 쾌락을 추구하는 것이 제일이라는 것이다. 살아서는 좋은 명성을 얻지 못할는지 모르지만 사람은 죽어버리면 그뿐이라는 것이다.

이것은 일견 양주의 극단적인 이기주의와 상관없는 듯이 보일지도 모르지만, 사실은 이 쾌락주의도 그의 이기주의에 바탕을 두고 있는 것이다. 남이야 어떻게 되든, 세상이야 잘 다스려지든 말든, 자기의 쾌락만을 추구하자는 것은 결국 자기만을 위하고 자기 욕망과 감정만을 따라서 살겠다는 태도와 통하는 것이다.

또 한편 유가들이 주장하는 것 같은 어짊과 의로움을 바탕으로 한 인위적이고 형식적인 생활방식으로부터 사람들을 해방시키어 인간 본래의 소박한 모습으로 되돌려 놓자는 것이 도가의 사상이라면, 양주도 궁극적(窮極的)으로는 도가의 기본 입장으로부터 벗어나 있는 것은 아니다. 그는 현실의 근심과 괴로움을 버리고 자기의 감정과 욕망이 지향하는 대로 사는 것이 가장 자연스러운 생활이라 여겼던 것이다. 다시 말하면, 인생의 쾌락을 추구하는 것이 인간 본연의 자연으로 돌아가는 것이라 여겼던 것이다. 다만 「노자」나 「장자」와 틀리는 점은 그가 관능적인 쾌락을 크게 평가하고 있다는 점일 것이다.

양주의 사상의 특징은 하늘이라든가 도(道) 또는 어짊이나 의로움 같은 추상적인 대상을 떨쳐버리고 사람의 욕망이라는 점에서 인간을 해석한 데 있다. 그는 이러한 자기 중심적인 욕망의 추구를 통하여 유가들이 주장하는 사회의 규율이나 예교를 반대하고 참된 인간의 존재를 발견하려 하였던 것이다.

6. 결론

「열자」는 도가서이면서도 앞에서 지적한 양주의 사상을 비롯하여 잡다한 얘기들이 들어 있다. 그래서 근래 학자들 중에는 「열자」의 내용이 잡다하다는 것과 그 책이 열자와 관계 없는 후세 사람의 손에 의하여 이루어졌을 가능성이 많다는 점에서 무시해 버리는 이가 많다. 그러나 우리는 「열자」의 잡다한 얘기를 통하여 중국 옛사람들의 여러 가지 사고방식과 생활을 느낄 수 있으며, 지금까지도 중국 사람들 내지는 동양 사람들의 피 속에 맥맥히 흐르고 있는 문화적인 특징을 느낄 수 있는 것이다.

다시 말하면, 중국 사회 내지는 동양 사회 속에는 어디엔가 「열자」에서 얘기하고 있는 것 같은 현실을 초월하는 생활 자세가 깃들어져 있는 것이다. 우리는 「열자」를 통하여 좀 더 순수한 중국 문화의 밑바탕에 깔려 있는 중국적인 것 내지는 동양적인 것을 직접 터득하게 될 것이다. 그리고 그러한 중국적인 여유 내지는 어려움을 극복하는 동양적인 지혜가 어지럽고 각박한 현대를 올바로 살아나가는 데에는 무엇보다도 절실한 예지를 줄 수 있으리라 믿는다.

열자

제1권

1. 천서편天瑞篇

「천서」란 하늘의 서조(瑞兆)를 뜻하며, 만물의 존망변화(存亡變化)는 모두가 자연의 상서로운 조짐이라는 관념 아래 붙여진 편명이다.

따라서 이 편을 읽어보면, 만물의 생성(生成)과 변화의 해설에서부터 시작하여 하늘과 땅의 창성(創成) 원리 및 천지와 성인(聖人)과 만물의 특성을 논한다. 천지만물의 생성과 변화가 무궁한 것처럼 사람의 삶과 죽음도 무한한 순환원리에 입각하고 있다는 데서부터 인생론을 전개한다.

따라서 사람들이 중히 여기는 생사는 물론 빈부(貧富)나 명리(名利) 같은 것이 자연 속에서 무의미할 것임은 말할 것도 없다. 삶이란 길을 떠나는 것이라면, 죽음은 집으로 돌아오는 거나 마찬가지이다. 모든 것이 궁극적으로는 「무(無)」로 복귀하게 마련이라는 것이다. 따라서 사람들은 텅 비고 조용한 허정(虛靜)의 소중함을 알고 선(善)에의 극치(極致)를 추궁하여야 한다는 것이다.

이미 첫머리에서 우리는 도가(道家)로서의 열자 사상의 특징을 파악할 수 있을 것이다.

1.

열자(列子)는 정(鄭)나라 포(圃)땅에 살고 있었는데, 40년 동안 아무도 알아보는 사람이 없었다. 나라 임금이나 경대부(卿大夫)들도 그를 보고 일반 백성들과 같게 여겼었다.

나라에 흉년이 들어 열자는 집을 위(衛)나라로 옮기려 하였다.

그때 제자들이 아뢰었다.

「선생님께서 떠나가시면 돌아오실 기약도 없습니다. 제자로서 감히 여쭙고자 하는 것은 선생님께선 무엇을 저희들에게 가르치시겠는가 하는 것입니다. 선생님께서는 호구자림(壺丘子林)의 말씀을 들으시지 못하셨습니까?」

열자가 웃으면서 대답하였다.

「호자(壺子)께서 무엇을 말씀하셨겠는가? 그렇지만 선생님께서 전에 백혼무인(伯昏瞀人)에게 말씀하시는 것을 내가 곁에서 들은 적이 있으니, 그것을 너희들에게 말해 보겠다.

그분은 말씀하시기를, 『생장하는 것(生)과 생장하지 않는 것(不生)이 있고, 변화하는 것(化)과 변화하지 않는 것(不化)이 있다. 생장하지 않는 것은 생장하는 것을 잘 생장하게 해주며, 변화하지 않는 것은 변화하는 것을 잘 변화하게 해준다. 생장하는 것은 생장하지 않을 수가 없는 것이며, 변화하는 것은 변화하지 않을 수가 없는 것이다. 그러므로 언제나 생장하고 언제나 변화한다. 언제나 생장하고, 언제나 변화하는 것은 생장하지 않는 때가 없고 변화하지 않는 때가 없는 것이다. 음(陰)과 양(陽)이 그러하고 사철(四時)이 그러하다. 생장하지 않는 것은 의독(疑獨)한 것이요, 변화하지 않는 것은 갔다가는 되돌아오는 것(往復)이어서 그 가는 끝이 있을 수가 없고 독특한 그 도(道)는 다할 수가 없는 것이다.

황제서(黃帝書)에 말하기를, 공허의 신(谷神)은 죽지 않으며, 이것을 현빈(玄牝)이라 한다 하였다. 현빈의 문은 이것을 천지의 근원이라 말한다. 면면히 존재하는 듯하나 이것의 작용은 애씀이 없다. 그러므로 만물을 생장케 하는 것은 생장하지 않고 만물을 변화하게 하는 것은 변화하지 않는다. 저절로 생장하고, 저절로 변화하여, 저절로 형성되고, 저절로 빛깔을 지니며, 저절로 알게 되고, 저절로 힘을 지니며, 저절로 없어지고, 저절로 멈추게 된다. 이것을 생장케 하고, 변화하게 하고, 형성케 하고, 빛깔을 지니게 하고, 힘을 지니게 하고, 없어지게 하고, 멈추게 하는 것이라 말하는 것은 잘못이다.』라고 하였다.」

子列子居鄭圃, 四十年人無識者. 國君卿大夫眎之, 猶衆庶也.

國不足, 將嫁於衛. 弟子曰, 先生往, 無反期, 弟子敢有所謁, 先生將何以敎? 先生不聞壺丘子林之言乎?

子列子笑曰, 壺子何言哉? 雖然, 夫子嘗語伯昏瞀人, 吾側聞之, 試以告女. 其言曰, 有生不生, 有化不化. 不生者能生生, 不化者能化化. 生者不能不生, 化者不能不化.

故常生常化. 常生常化者, 無時不生, 無時不化. 陰陽爾, 四時爾. 不生者疑獨, 不化者往復, 其際不

可終, 疑獨其道不可窮.

黃帝書曰, 谷神不死, 是謂玄牝. 玄牝之門, 是謂
天地之根. 綿綿若存, 用之不勤. 故生物者不生, 化
物者不化. 自生自化, 自形自色, 自智自力, 自消自
息. 謂之生化形色智力消息者, 非也.

- 子列子(자열자) : 위의 子는 남자들에 대한 존칭으로, 제자가
  스승을 높히기 위하여 붙인 것이다. 특히 「묵자(墨子)」에 그
  용례가 많이 보인다.
- 圃(포) : 포전(圃田)이라고도 부르는 정(鄭)나라에 있던 땅 이
  름. 「시경(詩經)」에 보이는 보전(甫田)도 같은 곳이라 하여,
  지금의 하남성(河南省) 중모현(中牟縣) 서남쪽 초목이 우거진
  늪지대에 해당한다.
- 眎(시) : 視(시)와 같은 옛날 글자로서,「보는 것」.
- 不足(부족) : 흉년이 들어 나라 안의 양식이 결핍되었음을 뜻
  한다.
- 嫁(가) : 보통은 시집간다는 뜻으로 쓰이나, 여기서는 「집을
  나와 딴 곳으로 옮겨가는 것.」(張湛注)
- 謁(알) : 아뢰다. 요청하다.
- 壺丘子林(호구자림) : 열자의 스승, 뒤에 열자는 호자(壺子)라
  부르고 있다.
- 伯昏瞀人(백혼무인) : 열자의 친구 중의 한 사람.
- 有生不生(유생불생) : 생장하는 것과 생장하지 않는 것이 있

다. 「생장하고 있는 것은 생장하게 하지 못한다.」로 번역하는 이도 있으나 잘못인 듯하다. 아래 〈有化不化〉도 같다.

• 爾(이) : 然(연)과 통하여, 「그러하다」는 뜻.

• 疑獨(의독) : 凝獨(응독)으로 읽어 「독특한 것」, 곧 만물을 생성케 하는 근본적인 도(道)의 「절대적임」을 형용한 말.

• 往復(왕복) : 갔다가 되돌아오는 것, 곧 순환이 무궁한 것을 형용한 말임.

• 際(제) : 끝, 가.

• 黃帝書(황제서) : 옛날의 책 이름. 지금은 전하지 않으며, 여기에 인용된 구절은 지금의 「노자(老子)」 제6장에 들어 있으니 참조하기 바란다.

• 谷神(곡신) : 골짜기(谷)는 텅 빈 것을 뜻하여, 「곡신」이란 「공허의 신」, 곧 도(道)를 가리킨다.

• 玄牝(현빈) : 玄은 현묘한 것, 오묘한 것, 다함이 없는 것, 牝은 암컷, 여기서는 만물을 생성케 하는 것을 뜻한다. 따라서 현빈(玄牝)은 오묘한 만물을 생성케 하는 도의 뜻임.

• 用之不勤(용지불근) : 도의 작용이 발휘되어 만물을 생성케 한데도, 그것은 애쓰거나 힘들이는 것이 아니라는 뜻임.

＊이 첫대목에서는 열자가 자기의 스승 호자(壺子)의 말을 빌어 우주의 본체(本體)가 되는 도(道)의 오묘한 원리를 설명하고 있다. 우주의 본체인 도는 절대적이고 영원불멸한 것이다. 만물을 생장케 하고 변화시키는 근원이 되지만 도 자체는 생장

하지도 변화하지도 않고, 저절로 그러하고 저절로 그렇게 되고 있는 것이다. 열자는 기약없는 이별을 앞두고 이처럼 오묘한 도를 가지고 여러 제자들을 가르쳤다.

또 첫머리에서 열자는 정(鄭)나라 포(圃)땅에 묻혀 살았는데, 아무도 그의 높은 식견을 알아보지 못하였다는 것은 도로써 제자들을 강의하는 열자의 성격을 잘 드러내 주었다. 여기에서 이미 우리는 세속에서 초연히 우주의 원리와 대결하는 열자의 인간과 학문의 성격을 느끼게 된다.

2.

열자가 말하였다.

「옛날 성인(聖人)들은 음(陰)과 양(陽)을 근거로 하여 하늘과 땅을 다스리었다. 모든 형체를 지닌 것은 형체가 없는 것으로부터 생겨났는데, 그렇다면 하늘과 땅은 어디로부터 생겨난 것일까? 그러므로 태역(太易)이 있고, 태초(太初)가 있고, 태시(太始)가 있다고 말하는 것이다.

태역이란 것은 기운(氣)도 나타나지 않은 상태이다. 태초란 것은 기운이 나타나기 시작한 상태이다. 태시란 것은 형체가 이루어지기 시작한 상태이다. 태소란 것은 성질(質)이 갖추어지기 시작한 상태이다. 기운과 형체와 성질이 갖추어져 있으면서도 서로 분리되어 있지 않으므로, 그것은 혼돈 상태(渾淪)라 말한다.

혼돈 상태란, 만물이 서로 혼돈을 이루어 서로 분리되지 않았음을 말한다. 그것은 보려 해도 보이지 않고, 들으려 해도 들리지 않으며, 잡으려 해도 잡히지 않는다. 그러므로 그것을 역(易)이라 말하는 것이다.

역에는 형체와 한계가 없다. 역이 변하여 일(一)이 되고, 일이 변하여 칠(七)이 되며, 칠이 변하여 구(九)가 된다. 구로 변화한 것은 궁극에 이른 것이어서 곧 다시 변하여 일(一)이 된다. 일은 형체 변화의 시작인 것이다. 맑고 가벼운 것은 올라가 하늘이 되고, 탁하고 무거운 것은 내려와서 땅이 되고, 중화(中和)의 기운은 사람이 된 것이다. 그러므로 하늘과 땅은 정기(精氣)를 품고 있고, 만물은 변화하고 생성하고 있는 것이다.」

子列子曰, 昔者聖人, 因陰陽以統天地. 夫有形者, 生於無形, 則天地安從生? 故曰, 有太易, 有太初, 有太始, 有太素.

太易者, 未見氣也. 太初者, 氣之始也. 太始者, 形之始也. 太素者, 質之始也. 氣形質具而未相離, 故

曰渾淪.

　渾淪者, 言萬物相渾淪而未相離也. 視之不見, 聽之不聞, 循之不得, 故曰易也.

　易無形埒, 易變而爲一, 一變而爲七, 七變而爲九. 九變者, 究也, 乃復變而爲一. 一者, 形變之始也. 清輕者上爲天, 濁重者下爲地, 冲和氣者爲人. 故天地含精, 萬物化生.

- 因陰陽(인음양) : 음과 양의 원리를 밝혔음을 나타낸 것이다.
- 太易(태역) : 「주역(周易)」의 태극(太極)이나 「노자(老子)」의 태허(太虛)와 같은 말.
- 太初(태초) : 아직 아무런 형체도 없이 기운만이 있는 상태.
- 太始(태시) : 아직 여러 가지 만물의 성질은 없이, 다만 형체만을 이루기 시작한 상태.
- 質(질) : 만물 특유의 성질. 특성.
- 渾淪(혼륜) : 혼돈(渾沌)과 같은 말로, 혼연(渾然)이 하나로 융합(融合)되어 있는 모양.
- 循(순) : 손으로 더듬어 찾는 것.
- 形埒(형날) : 形은 형체, 埒은 본시 「담」의 뜻이나, 여기서는 「한계(限界)」를 의미한다.
- 一(일) : 7, 9와 함께 양기(陽氣)의 실현을 역리(易理)에 의하여 설명한 것이다. 어떤 학자들은 1은 태초(太初), 곧 기운의 시작을 뜻하며, 7은 음양(陰陽)과 오행(五行)을 뜻하고, 9는

양(陽)의 수로서 수의 극(極)을 뜻한다고 설명하기도 한다.

• 沖和(충화) : 沖은 中과 통하여, 「중화(中和)」의 뜻. 「노자」에 보이는 충기(沖氣)와 화기(和氣)로 풀이하는 이도 있다.

 * 여기서는 주로 하늘과 땅의 생성(生成) 원리를 논하고 있다. 아무것도 없던 태역(太易)에서부터 기운(氣)이 먼저 생기고, 다시 그 기운이 엉기어 형체(形)가 이루어지고, 다시 그 형체에 따라 여러 가지 다른 성질을 지니게 되었다는 것이다. 숫자에 의한 원리의 설명은 이해하기에 모호한 점도 없지 않으나 태초의 혼돈 상태로부터 천지만물의 창조를 논하는 태도가 퍽 과학적이다.

3.

열자가 말하였다.

「하늘과 땅에는 완전한 공덕(功)이 없고, 성인(聖人)에게는 완전한 능력이 없고, 만물에는 완전한 효용이 없다.

그러므로 하늘의 직책은 만물을 생장시키고 덮어주는 것이고, 땅의 직책은 만물의 형체를 지니게 하고 그것을 싣고 있는 것이고, 성인의 직책은 만인을 교화(教化)하는 것이고, 만물의 직책은 적성(適性)을 따르는 것이다. 그래서 하늘에도 단점(短點)이 있고, 땅에도 장점(長點)이 있으며, 성인에게도 비색(否塞)한 점이 있고, 만물에도 잘 통하는 점이 있다. 왜냐하면 만물을 생장시키고 덮어주는 자는 형체를 지니게 하고 실어줄 수는 없는 것이며, 형체를 지니게 하고 실어주는 자는 만민을 교화할 수는 없는 것이며, 교화하는 자는 만물의 적성을 어길 수는 없는 것이며, 적성이 일정한 자는 그의 위치로부터 이탈할 수 없기 때문이다.

그러므로 하늘과 땅의 도(道)는 음(陰)이 아니면 양(陽)이다. 성인의 가르침은 어짊(仁)이 아니면 의로움(義)이다. 만물의 적성이란 부드러움(柔)이 아니면 억셈(剛)이다. 이것은 모두 그의 적성에 따라서 그의 위치로부터 이탈할 수 없는 것들이다.

그러므로 생장하는 것이 있고, 생장하는 것을 생장케 하는 것이 있다. 형체를 지닌 것이 있고, 형체를 지닌 것을 형체를 지니도록 하는 것이 있다. 소리를 내는 것이 있고, 소리 내는 것을 소리 나게 하는 것이 있다. 색깔을 지닌 것이 있고, 색깔을 지닌 것을 색깔을 지니게 하는 것이 있다. 맛이 있는 것이 있고, 맛이 있는 것을 맛이 있게 하는 것이 있다.

생장된 생장자는 죽게 되지만, 생장자를 생장시킨 것은 종말(終末)이 있은 적이 없다. 형체를 지니게 된 형체를 지닌 자는 실존(實存)하지만, 형체를 지닌 자를 형체 지니게 한 것은 존재한 적이 없다. 소리를 내게 된 소리 내는 자는 귀에 들리지만, 소리 내는 자를 소리 내게 한 것은 소리를 발한 적이 없다. 색깔을 지니게 된 색깔을 지닌 자는 밝게 드러나지만, 색깔을 지닌 자에게 색깔을 지니게 한 것은 드러난 적이 없다. 맛이 있게 된 맛있는 것은 맛볼 수 있지만, 맛있는 자를 맛있게 한 것은 맛으로 드러난 적이 없다. 이것은 모두 무위(無爲)한 직능에 의한 것이다.

음일 수도 있고, 양일 수도 있다. 부드러울 수도 있고, 억셀 수도 있다. 짧을 수도 있고, 길 수도 있다. 둥글 수도 있고, 모질 수도 있다. 사는 수도 있고, 죽는 수도 있다. 더울 수도 있고, 서늘할 수도 있다. 뜰 수도 있고, 가라앉을 수도 있다. 궁조(宮調) 소리가 날 수도 있고, 상조(商調) 소리가 날 수도 있다. 나올 수도 있고, 들어갈 수도 있다. 검을 수도 있고, 누럴 수도 있다. 달 수도 있고, 쓸 수도 있다. 노린내가 날 수도 있고, 향그러울 수도 있다. 아는 것도 없고, 능력도 없으면서도 알지 못하는 것도 없고, 할 수 없는 것도 없는 것이다.」

子列子曰, 天地無全功, 聖人無全能, 萬物無全用.
故天職生覆, 地職形載, 聖職敎化, 物職所宜. 然則
天有所短, 地有所長, 聖有所否, 物有所通, 何則, 生
覆者不能形載, 形載者不能敎化, 敎化者不能違所
宜, 宜定者不出所位. 故天地之道, 非陰則陽, 聖人
之敎, 非仁則義, 萬物之宜, 非柔則剛. 此皆隨所宜,
而不能出所位者也.

故有生者, 有生生者. 有形者, 有形形者. 有聲者,
有聲聲者. 有色者, 有色色者. 有味者, 有味味者.

生之所生者死矣, 而生生者未嘗終. 形之所形者實
矣, 而形形者未嘗有. 聲之所聲者聞矣, 而聲聲者未
嘗發. 色之所色者彰矣, 而色色者未嘗顯. 味之所味
者嘗矣, 而味味者未嘗呈. 皆無爲之職也.

能陰能陽, 能柔能剛, 能短能長, 能圓能方, 能生
能死, 能署能凉, 能浮能沈, 能宮能商, 能出能沒, 能
玄能黃, 能甘能苦, 能羶能香, 無知也, 無能也, 而無
不知也, 而無不能也.

- 職(직) : 직능, 직책.
- 生覆(생복) : 하늘이 생물들을 「살게 해주고 또 땅 위를 덮고 있는 것」.
- 形載(형재) : 땅이 땅 위 만물의 형체를 유지하며, 한편 그것들을 위에 올려 놓고 있는 것을 가리킨다.
- 宜(의) : 여러 만물에 합당한 적성(適性)을 뜻한다.
- 否(비) : 비색(否塞)한 것. 뜻대로 안되고 막히는 것.
- 生者(생자) : 생장하는 자, 뒤의 유형자(有形者), 유성자(有聲者), 유색자(有色者), 유미자(有味者)와 함께 만물을 가리킨다.
- 生生者(생생자) : 생자를 생장케 하는 자. 곧 형형자(形形者), 성성자(聲聲者), 색색자(色色者), 미미자(味味者)와 함께 도(道)를 가리킨다.
- 實(실) : 뒤의 유(有)의 반대로, 「실존(實存)」.
- 彰(창) : 밝게 드러나는 것.
- 呈(정) : 맛이 드러나는 것.
- 無爲(무위) : 작위(作爲)가 없는 것, 또는 아무런 작위도 가하지 않지만 만물을 생성 변화시킨다.
- 宮(궁) : 商(상)과 함께 옛 중국의 오음(五音) 중의 하나. 오음은 궁(宮), 상(商), 각(角), 치(徵), 우 (羽)의 다섯 가지 음임.
- 羶(전) : 노린내가 나는 것.

*하늘과 땅과 성인과 만물은 당초부터 모두가 완전한 공능을 갖춘 것은 아니다. 모두가 제각기의 특성과 효능을 지니고

서 도(道)에 의하여 생성 변화가 조화되고 있다. 그렇다고 해서 도는 독특한 존재로서 인지(認知)되는 것은 아니다. 도는 허무(虛無)하여 아무런 형체나 소리도 없고 시작도 끝도 없는 것이다. 그리고 도는 우리가 생각할 수 있는 어떠한 작위(作爲)를 가하고 있지도 않다. 무위(無爲)의 존재이면서도 그 변화는 자재(自在)하고도 무궁한 것이다. 열자는 이처첨 천지만물의 특성을 파악한 후에 여기에 군림하는 절대적인 섭리(攝理)로써 도를 파악하고 있는 것이다.

4.

열자가 위(衛)나라로 가다가 길가에서 밥을 먹고 있었다. 길 옆에 백년 묵은 해골(骸骨)이 있는 것을 보고서 쑥대를 뽑아 그것을 가리키면서 제자인 백풍(百豐)을 돌아보면서 말하였다.

「오직 나와 이 사람만이 아는 것이지만 생존했던 일도 없고 죽었던 일도 없었던 것이다. 이것을 지나치게 걱정하겠는가, 지나치게 기뻐하겠는가?

화육(化育)의 종류에는 몇 가지나 있는가? 개구리가 메추리가 되는 거와 같다. 물 안에 있게 되면 먼지처럼 뜨지만 물기 있는 흙에 붙게 되면 푸른 이끼가 되며, 언덕

위에 나게 되면 곧 능석(陵舃)이 된다. 능석이 걸찬 흙을 만나면 곧 오족(烏足)이 되는데, 오족의 뿌리는 굼벵이가 되고 그 잎은 나비가 된다.

나비는 모두가 변화하여 벌레가 되는데, 아궁이 아래 생겨나면 그 모양이 벗은 껍질 같으며, 그 이름을 구철(鴝掇)이라 부른다. 구철은 천일이 지나면 변화하여 새가 되는데, 그 이름을 건여골(乾餘骨)이라 부른다. 건여골의 춤은 사미(斯彌)가 된다. 사미는 식혜의 바구미가 된다. 식혜의 바구미는 식혜의 하루살이에서 생겨난다. 식혜의 하루살이는 구유(九猷)로부터 생겨나고, 구유는 무예(瞀芮)로부터 생겨나고, 무예는 노른재(腐蠸)로부터 생겨난다.

양의 간은 변화하여 지고(地皐)가 되고, 말의 피는 굴러 다니는 인화(燐火)가 되고, 사람의 피는 도깨비불이 된다.

매가 새매가 되고, 새매가 뻐꾹새가 되며, 뻐꾹새는 오래 있다가 다시 매가 된다. 제비는 조개가 되고, 들쥐는 메추라기가 된다. 썩은 외는 물고기가 되고, 오래 묵은 부추는 비름이 된다. 늙은 암양은 원숭이가 되고, 물고기 알은 벌레가 된다

선원산(亶爰山)의 짐승은 스스로 새끼를 배었다가 낳는데, 그 이름을 유(類)라고 부른다. 하택(河澤)의 새는 보기만 하여도 새끼를 낳는데, 그 이름을 역(鶂)이라 부른다. 순수한 암놈이 있는데, 그 이름을 대요(大腰)라 하며, 순수한 숫놈이 있는데, 그 이름을 치봉(穉蜂)이라 부른다. 사(思)나라의 남자들은 처 없이도 정을 통하며, 사나라 여자들은 남편이 없이도 아이를 밴다. 후직(後稷)은 큰 발자국에서 나왔고, 이윤(伊尹)은 공상(空桑)에서 나왔다.

궐소(厥昭)는 습한 데서 생겨나고, 술바구미는 술에서 생겨난다. 양해(羊奚)는 죽순이 돋지 않는 늙은 대나무와 어울리어 청녕(靑寧)을 낳는다. 청녕은 정(程)을 낳고, 정은 말을 낳으며, 말은 사람을 낳고, 사람들은 오래도록 틀 속으로 들어간다. 만물이란 모두 틀에서 나와서 모두가 틀로 들어가는 것이다.」

子列子適衛, 食於道. 從者見百歲髑髏, 攓蓬而指, 顧謂弟子百豐曰, 唯予與彼知, 而未嘗生, 未嘗死也. 此過養乎, 此過歡乎?

種有幾? 苦蠅爲鶉. 得水爲㡭, 得水土之際, 則爲蠅蠙之衣, 生於陵屯, 則爲陵舃. 陵舃得鬱栖, 則爲

烏足, 烏足之根爲蠐螬, 其葉爲胡蝶. 胡蝶胥也, 化
而爲蟲, 生竈下, 其狀若脫, 其名曰鴝掇. 鴝掇千日,
化而爲鳥, 其名曰乾餘骨. 乾餘骨之沫爲斯彌. 斯彌
爲食醯頤輅. 食醯頤輅生乎食醯黃軦. 食醯黃軦生乎
九猷. 九猷生乎瞀芮, 瞀芮生乎腐蠸.

羊肝化爲地皐, 馬血之爲轉鄰也, 人血之爲野火
也. 鷂之爲鸇, 鸇之爲布穀, 布穀久復爲鷂也. 燕之
爲蛤也, 田鼠之爲鶉也, 朽瓜之爲魚也, 老韭之爲莧
也. 老羭之爲雌之, 魚卵之爲蟲.

亶爰之獸, 自孕而生, 曰類. 河澤之鳥, 視而生, 曰
鶂. 純雌其名大𪄲, 純雄其名穉蜂. 思士不妻而感,
思女不夫而孕. 后稷生乎巨跡, 伊尹生乎空桑.

厥昭生乎溼, 醯鷄生乎酒. 羊奚比乎不筍久竹, 生
青寧, 青寧生程, 程生馬, 馬生人, 人久入於機. 萬物
皆出於機. 皆入於機.

- 從者(종자) : 길 옆.
- 髑髏(촉루) : 해골. 마른 사람의 뼈.
- 攓(건) : 뽑다.
- 蓬(봉) : 쑥대.
- 百豐(백풍) : 열자의 제자 이름.

- 彼(피) : 사람의 해골을 가리킨다.
- 養(양) : 恙(양)과 통하여, 뒤의 「歡(환)」과 반대되는 「걱정」의 뜻(兪樾說). 보통은 「生養」의 뜻으로 풀이한다.
- 種(종) : 뒤에 늘어놓는 화생(化生)의 종류.
- 攞(와) : 개구리. 蛙의 옛 글자.
- 鶉(순) : 메추라기, 새 이름. 개구리가 변하여 메추라기가 된다는 말은 「묵자(墨子)」에도 보인다.
- 醯(계) : 물 안에 떠 있는 잔 먼지 같은 것.
- 蠅蠙之衣(와빈지의) : 「개구리와 조개의 옷」, 곧 「푸른 이끼」를 뜻한다.
- 陵屯(능둔) : 언덕.
- 陵舄(능석) : 잔풀 이름
- 鬱栖(울서) : 썩은 거름이 많은 흙.
- 烏足(오족) : 풀 이름.
- 蠐螬(제조) : 굼벵이.
- 胡蝶(호접) 나비.
- 胥(서) : 모두, 다.
- 竈(조) : 부엌 아궁이.
- 脫(탈) : 벌레나 뱀이 탈바꿈하여 남겨놓은 껍질.
- 駒掇(구철) : 벌레 이름.
- 沫(말) : 춤.
- 斯彌(사미) : 벌레 이름.
- 食醯(식혜) : 먹는 식혜.
- 頤輅(이로) : 바구미 종류의 벌레 이름.

- 黃軦(황황) : 바구미나 하루살이 종류의 잔 벌레 이름.
- 九猷(구유) : 벌레 이름.
- 瞀芮(무예) : 벌레 이름.
- 腐蠸(부권) : 외 속에 사는 노른재(黃甲蟲).
- 地皋(지고) : 도깨비불(鬼火)로 보는 학자도 있고, 새 이름이라 주장하는 학자도 있다.
- 轉鄰(전린) : 도깨비불. 인불.
- 野火(야화) : 도깨비불.
- 鷂(요) : 새매의 일종.
- 鸇(전) : 새매.
- 布穀(포곡) : 뻐꾹새.
- 蛤(합) : 조개.
- 朽瓜(후과) : 썩은 외.
- 韭(구) : 부추.
- 莧(현) : 비름.
- 羭(유) : 검은 암양.
- 猨(원) : 원숭이.
- 亶爰(선원) : 「산해경(山海經)」에 보이는 산 이름.
- 孕(잉) : 새끼 배는 것.
- 類(유) : 「산해경」에 의하면, 그 모양은 삵쾡이 같고 머리(髮)가 달린 짐승이라 한다.
- 鶂(역) : 새 이름. 「장자(莊子)」엔 「백역(白鶂)」이 보인다.
- 純雌(순자) : 순수한 암놈. 숫놈 없이도 암놈 행세를 할 수 있는 짐승. 순웅(純雄)은 그 반대.

- 大鷩(대요) : 자라 종류의 동물 이름.
- 稘蜂(치봉) : 벌레 이름.
- 思士(사사) : 사(思)나라의 남자. 「산해경(山海經)」에는 「사유(思幽)의 나라」로 되어 있다.
- 后稷(후직) : 주(周)나라의 시조. 요(堯)임금 시대에 그의 어머니 강원(姜嫄)이 거인의 발자국을 밟은 다음 임신이 되어 후직을 낳았다는 전설이 있다.
- 伊尹(이윤) : 상(商)나라 탕(湯)임금 때의 명재상. 이윤의 어머니는 이수(伊水) 가에 살고 있었는데, 이윤을 밴 다음 공상(空桑)이 되었다. 어느 여인이 뒤에 뽕을 따러 갔다가 공상에서 이윤을 발견하고 주워다 임금에게 바쳤다 한다. 「공상」은 뽕나무 이름이라고도 하나 뒤에는 땅 이름으로 변하였다.
- 厥昭(궐소) : 벌레 이름.
- 溼(습) : 습기. 습한 곳.
- 醯鷄(혜계) : 술이 익을 때 생기는 바구미.
- 羊奚(양해) : 풀 이름.
- 比(비) : 친하게 어울림. 가까이함.
- 不筍久竹(불순구죽) : 늙어서 죽순이 나지 않는 오래된 대나무.
- 靑寧(청녕) : 벌레 이름.
- 程(정) : 짐승 이름.
- 機(기) : 틀. 기틀. 삶이나 죽음도 자연스러운 것이며, 변화도 자연스러운 것이다. 따라서 만물의 생성(生成)은 틀이나 기틀에 의하여 만들어져 나오는 것 같고, 만물의 사멸(死滅)은

다시 틀이나 기틀에 의하여 그 속으로 들어가 버리는 거나 같다는 것이다.

＊여기서는 만물의 생사순환(生死循環)이 무궁함을 역설하고 있다. 열자가 생물들의 변화에 착안하여 자기의 논거(論據)로 삼은 것은 좋지만, 다만 그 변화의 파악이 과학적인 안목으로 볼 때 철저하지 못하다는 게 큰 유감이다. 그러나 만물이 무(無)로 돌아간다는 변화의 극치를 주장하는 열자의 입장만은 충분히 이해할 수가 있으리라 믿는다.

5.
황제서(黃帝書)에 말하기를,
「형체(形)는 움직이어 형체를 낳지 아니하고, 그림자를 낳는다. 소리는 움직이어 소리를 낳지 아니하고, 울림을 낳는다. 움직이지 않음은 무(無)를 낳지 아니하고, 유(有)를 낳는다.

형체란 반드시 끝장이 있는 것이다. 하늘과 땅도 끝장이 있는가? 나와 더불어 함께 끝장이 날 것이다. 끝장은 다함이 있는 것인가? 알 수가 없다. 도(道)는 끝장이 있는가? 본시 시작도 없었다. 다함이 있는가? 본시 오래됨도 없었다.

삶이 있는 것은, 곧 삶이 없는 것으로 되돌아간다. 형체가 있는 것은, 곧 형체가 없는 것으로 되돌아간다. 삶이 없는 것은 본시부터 삶이 없던 것은 아니다. 형체가 없는 것도 본시부터 형체가 없던 것은 아니다. 삶이 있는 것은 이치에 따르면 반드시 끝장이 있는 것이다. 끝장이 있는 것이 끝장이 없을 수가 없는 것은, 또한 삶이 있는 것이 삶이 없을 수가 없는 거나 같은 것이다. 그런데도 그의 삶을 영원히 하려 하며, 그의 끝장을 없이 하려 드는 것은 원리에 미혹되어 있는 것이라 할 것이다.

정신(精神)이란 하늘의 몫이요, 육체란 땅의 몫인 것이다. 하늘에 속하는 것은 맑고도 흩어지며, 땅에 속하는 것은 탁하고도 모이게 마련이다. 정신은 형체를 떠나서 각각 그의 참됨으로 돌아가게 된다. 그러므로 그것을 귀신(鬼)이라 부르는 것이다. 귀신이란 돌아간다(歸, 鬼와 같은 음임)는 뜻으로서, 그의 참된 위치로 돌아감을 의미하는 것이다.」

황제께서 말씀하셨다.

「정신은 그의 문으로 들어가고 육체는 그의 근본으로 되돌아가는 것이니, 나의 무엇이 또한 존재하게 되겠는가? 사람이란 나면서부터 끝장이 날 때까지 변화를 크게 4가지로 나누어 볼 수 있다. 그것은 갓난아기 때와 젊은 때와 늙은 때와 죽음이다.

갓난아기 때에는 기운이 전일(專一)되고 뜻이 한결같아서 조화의 극치를 이루고 있으므로 물건이 손상케 하지 못하고 덕(德)도 더 따질 수가 없다.

젊은 시절에는 곧 혈기가 왕성히 넘치고 욕망과 생각이 가득히 일어나서 물건이 공격을 가하게 되고, 덕은 그 때문에 쇠퇴하기 마련이다. 늙은 시대에 있어서는, 곧 욕망과 생각이 부드러워지고 육체의 활동이 그치려 하므로 물건이 앞서지 못하게 된다. 비록 갓난아기처럼 완전한 상태에는 미치지 못하지만 젊은 시대와 견주어 본다면 간격이 나있다.

죽음에 있어서는, 곧 종식(終息)으로 나아가서 궁극(窮極)으로 되돌아가게 되는 것이다.」

黃帝書曰, 形動不生形而生影, 聲動不生聲而生響, 無動不生無而生有. 形, 必終者也. 天地終乎? 與我偕終. 終進乎? 不知也. 道終乎? 本無始. 進乎? 本不久.

有生則復於不生, 有形則復於無形. 不生者, 非本不生者也. 無形者, 非本無形者也. 生者, 理之必終者也. 終者不得不終, 亦如生者之不得不生. 而欲恆其生, 畫其終, 惑於數也.

精神者, 天之分, 骨骸者, 地之分. 屬天清而散, 屬地濁而聚. 精神離形, 各歸其眞, 故謂之鬼. 鬼, 歸也, 歸其眞宅. 黃帝曰, 精神入其門, 骨骸反其根, 我尚何存? 人自生至終, 大化有四. 嬰孩也, 少壯也, 老耄也, 死亡也. 其在嬰孩, 氣專志一, 和之至也, 物不傷焉, 德莫加焉. 其在少壯, 則血氣飄溢, 欲慮充起, 物所攻焉, 德故衰焉. 其在老耄, 則欲慮柔焉, 體將休焉, 物莫先焉. 雖未及嬰孩之全, 方於少壯, 間矣. 其在死亡也, 則之於息焉, 反其極矣.

- 偕終(해종) : 함께 끝장이 나다.
- 進(진) : 「열자」에서는 흔히 「盡(진)」과 같은 뜻으로 쓰고 있어 「다하다」의 뜻.
- 恆其生(항기생) : 그의 생명을 영원히 하는 것.
- 畫(획) : 없애는 것.
- 數(수) : 원리. 법칙.
- 骨骸(골해) : 해골. 여기서는 육체를 뜻한다.

- 眞宅(진택) : 참된 집. 참된 자기의 위치.
- 嬰孩(영해) : 어린아기. 갓난아기.
- 耄(모) : 늙은이. 늙음.
- 物不傷(물불상) : 외물에 대한 욕망이 없으므로 「물건 이 그를 상하게 할 수 없다.」는 것이다.
- 飄溢(표일) : 왕성하게 넘치는 것.
- 物莫先(물막선) : 욕망이 줄어들므로 「물건이 그의 마음이나 행동에 앞서지 못한다.」는 것이다.
- 方(방) : 비기다. 견주다.
- 間矣(간의) : 간격이 있다. 여유가 있다.
- 極(극) : 궁극. 끝 또는 시작.

＊사람은 일생을 통하여 출생으로부터 사망에 이르기까지 크게 나누어 보면, 네 단계의 변화를 거친다. 그러나 그것은 만물의 순환 변화의 한 면에 불과한 것이다. 삶이 본의 아닌 자연의 도에 의하여 주어진 것처럼 살다가 죽는 것도 자연의 도에 의하여 변화함으로써 정신이나 육체가 제각기 자기 자리를 찾아 되돌아가는 것에 불과한 것이라 한다.

따라서 사람은 죽음과 삶 또는 만물의 변화에 대한 올바른 관념을 가지고서 사람에게 절대적인 영향을 주는 죽음에 대하여도 초연하지 않으면 안된다는 것이다. 죽음은 자연스러운 것이므로, 삶과 마찬가지로 조금도 그 자체를 두려워하거나 걱정할 필요가 없다는 것이다.

6.

공자(孔子)가 태산(太山)엘 놀러 갔다가 영계기(榮啓期)가 성(郕)땅의 들에 있는 것을 보았는데, 그는 사슴 갖옷을 입고 새끼로 띠를 대고서 금(琴)을 타며서 노래하고 있었다.

공자가 그에게 물었다.

「선생께서 즐거워하시는 이유가 무엇입니까?」

그가 대답하였다.

「내게는 즐거움이 매우 많습니다. 하늘이 만물을 내심에 있어 오직 사람이 가장 존귀한 것인데, 나는 사람이 될 수 있었으니, 이것이 첫째 즐거움입니다.

남녀의 구별에 있어서는 남자는 존귀하고 여자는 비천(卑賤)하므로 남자가 귀한 것인데, 나는 남자가 될 수 있었으니, 이것이 둘째 즐거움입니다.

사람은 나서 해와 달도 보지 못하고 포대기에 싸인 처지를 면해 보지도 못하는 자가 있는데, 나는 이미 나이 90줄에 이르렀으니, 이것이 셋째 즐거움입니다.

그리고 가난함이란 선비로서는 정상적인 것이고 죽음

이란 인생의 끝장입니다. 정상적인 처지에 있으면서 끝장을 맞이하게 되었는데 꼭 무슨 근심이 있어야 하겠습니까?」

공자가 말하였다.

「훌륭하십니다! 스스로 관대해지려 하시는 분이십니다.」

孔子遊於太山, 見榮啓期行乎郕之野, 鹿裘帶索, 鼓琴而歌. 孔子問曰. 先生所以樂, 何也? 對曰, 吾樂甚多. 天生萬物, 唯人爲貴, 而吾得爲人, 是一樂也. 男女之別, 男尊女卑, 故以男爲貴, 吾旣得爲男矣, 是二樂也. 人生有不見日月, 不免襁褓者, 吾旣已行年九十矣, 是三樂也. 貧者, 士之常也. 死者, 人之終也. 處常得終, 當何憂哉? 孔子曰, 善乎! 能自寬者也.

- 太山(태산) : 태산(泰山)으로도 쓰며, 지금의 산동성(山東省)에 있는 큰 산 이름.
- 榮啓期(영계기) : 옛날의 훌륭한 은사(隱士) 이름.
- 郕(성) : 옛 노(魯)나라의 고을 이름.
- 鹿裘(녹구) : 사슴 털가죽으로 만든 갖옷.

- 帶索(대색) : 새끼줄로 허리띠 대신 매는 것.
- 襁褓(강보) : 어린아기의 포대기. 「포대기를 면치 못한다.」는 것은 「포대기에 싸인 시절에 죽음」을 뜻한다.
- 常(상) : 정상적인 것. 보통 있는 것.
- 自寬(자관) : 스스로의 마음을 넓고 크게 갖는 것. 「장자(莊子)」 태종사(太宗師)편을 참조 바람.

　＊여기서는 영계기(榮啓期)라는 은사(隱士)의 얘기를 빌어 인간의 빈부(貧富)와 사생(死生)에 초연한 생활태도를 설명하고 있다. 도가가 생긴 이후로 시대에 따라 작고 큰 차이는 있었지만, 이러한 생활태도는 중국 사람들의 생활관(生活觀)에 많은 영향을 미쳤다. 다만 이 중에 보이는 남존여비(男尊女卑) 사상은 현대인에게 반발을 사기 쉽지만 열자의 시대를 감안하여 이 글을 읽어야만 할 것이다.

　이처럼 빈부나 사생은 물론 예의나 명리(名利)에도 초연한 영계기와 공자를 견줄 때 예교(禮敎)에 집착하던 공자의 태도가 우습게 보일 것이다.

7.

　임류(林類)는 나이가 거의 백 살이 되어가고 있었는데, 봄이 되어도 갖옷을 걸치고 묵은 밭 이랑에서 떨어진 이삭을 주으면서 노래를 부르며 다니고 있었다.

공자가 위(衛)나라로 가다가 들에서 그를 바라보고는 제자들을 돌아보면서 말하였다.

「저 노인은 더불어 얘기할 만한 분일 것이니, 가서 말을 건네 보아라.」

자공(子貢)이 자청하여 가서 밭두렁에서 그를 만나 한숨지며 말했다.

「선생께서는 일찍이 후회한 일이 없으십니까? 그렇게 노래하고 다니며 이삭만 주으시니.」

임류는 발길을 멈추지도 않고 노래를 그치지도 않았다. 자공이 그에게 계속하여 묻자, 곧 허리를 젖히면서 대답하였다.

「내가 무엇을 후회한단 말이오?」

자공이 말했다.

「선생께서는 젊어서는 힘써 행실을 닦지 아니하셨고, 장년이 되어서는 때를 다투지 않으셨고, 늙어서는 처자도 없습니다. 죽을 때가 다가오고 있는데, 무슨 즐거움이 있어서 이삭을 줍고 다니면서 노래를 하고 계십니까?」

임류가 웃으면서 말했다.

「내가 즐거워하는 일은 사람들도 모두 지니고 있는 일

이지만 그들은 반대로 근심으로 여기고 있지요. 젊어서는 힘써 행실을 닦지 아니하고 장년이 되어서는 때를 다투지 않았기 때문에 이처럼 오래 살 수 있었던 것이오. 늙어서는 처자 없이 죽을 때가 다가오고 있으니 그 때문에 이처럼 즐거워하고 있는 것이오.」

자공이 말했다.

「오래 살려는 것은 사람들의 인정이요, 죽음이란 사람들이 싫어하는 일입니다. 선생께서는 죽음을 즐거움으로 여기고 계시니 어찌 된 일입니까?」

임류가 말했다.

「죽음과 삶은 한 번 갔다가 한 번 되돌아오는 것이오. 그러니 여기에서 죽는 자가 저쪽에서 탄생하지 않음을 어찌 알겠소? 그러므로 나는 그것의 다른 점을 잘 알고 있소. 내 또한 아귀다툼하며 삶을 추구하는 게 미혹된 일이 아님을 어찌 알겠소? 또한 나의 지금의 죽음이 옛날의 삶보다 낫지 않다는 것을 어찌 알겠소?」

자공은 이 말을 듣고 그 뜻을 깨닫지 못한 채 돌아와 그 말을 공자님께 고하였다.

공자가 말했다.

「나는 그분은 더불어 얘기할 만한 사람이라 생각했는

데 과연 그렇군. 그러나 그는 터득은 하였지만 철저하지
는 못한 사람이다.」

林類年且百歲, 底春被裘, 拾遺穗於故畦, 竝歌竝
進.

孔子適衛, 望之於野, 顧謂弟子曰, 彼叟可與言者,
試往訊之. 子貢請行, 逆之壟端, 面之而歎曰, 先生
曾不悔乎? 而行歌拾穗. 林類行不留, 歌不輟. 子貢
叩之不已, 乃仰而應曰, 吾何悔邪? 子貢曰, 先生少
不勤行, 長不競時, 老無妻子, 死期將至, 亦有何樂,
而拾穗行歌乎?

林類笑曰, 吾之所以爲樂, 人皆有之, 而反以爲憂.
少不勤行, 長不競時, 故能壽若此. 老無妻子, 死期
將至. 故樂若此.

子貢曰, 壽者人之情, 死者人之惡. 子以死爲樂,
何也? 林類曰, 死之與生, 一往一反. 故死於是者, 安
知不生於彼? 故吾知其不相若矣. 吾又安知營營而
求生, 非惑乎? 亦又安知吾今之死, 不愈昔之生乎?

子貢聞之, 不喩其意, 還以告夫子. 夫子曰, 吾知
其可與言, 果然. 然彼得之而不盡者也.

- 林類(임류) : 옛날의 은자(隱者) 중의 한 사람으로, 자세한 생애는 알려지지 않았다.
- 底春被裘(저춘피구) : 봄이 되어도 겨울에 입는 갖옷을 걸치고 있다는 뜻.
- 遺穗(유수) : 떨어진 이삭.
- 故畦(고휴) : 묵은 밭.
- 〈竝(병)…竝(병)〉 : …하면서 …하다.
- 叟(수) : 노인, 늙은이.
- 子貢(자공) : 성은 단목(端木), 이름은 사(賜), 자공은 자로서 위(衛)나라 사람. 공자의 제자로서 말재주와 돈벌이에 뛰어났었다.
- 逆(역) : 맞이하다. 만나다.
- 壟端(농단) : 밭둔덕 가.
- 輟(철) : 그치다. 중지하다.
- 叩(구) : 묻다.
- 勸行(근행) : 힘써 공부하여 공적을 이루는 것.
- 競時(경시) : 때를 다투다. 분발하여 남과 경쟁하는 것.
- 不相若(불상약) : 죽음과 삶의 차이점.
- 營營(영영) : 아귀다툼하며 사는 모습.
- 喩(유) : 깨닫다.
- 夫子(부자) : 선생님. 공자를 가리킨다.
- 不盡者(부진자) : 다하지 못한 사람. 철저하지 못한 사람. 임류는 죽음이 삶보다 낫다고 생각하였으니, 죽음과 삶의 참

뜻을 철저히 티득하고 있지는 못한 자라는 것이다.

　＊여기서는 명리(名利)를 초월하여 가난하기는 하지만 아무런 근심 걱정 없이 살아가는 임류(林類)란 은사의 얘기를 인용하고 있다. 근심 걱정 속에 아귀다툼하면서 부귀(富貴)를 누리는 것은 가난하지만 걱정 없이 사는 것만 못하다는 것이다.

　여기에서 처자들까지도 인간세계의 연루(連累)로 풀이하고 있는 것은 세속적인 가치관으로부터 초연하려는 적극적인 태도라 볼 수 있다. 다만 임류가 죽음이 삶보다 더 나을지도 모른다는 태도를 지닌 것은 죽음과 삶을 자연순환의 한 현상으로 파악하는 열자의 입장에서 볼 적에는 생사의 뜻을 철저히 파악한 것이라 보기 어렵다는 것이다. 그래서 열자는 공자의 말을 빌어 임류를 「철저하지는 못한 사람」이라 평하고 있는 것이다.

　8.
　자공이 배움에 싫증이 나서 공자에게 말했다.
　「휴식할 곳이 있었으면 합니다.」
　공자가 말했다.
　「삶에는 휴식할 곳이 없는 법이야.」
　자공이 말했다.

「그렇다면 제게는 휴식할 곳이 있을 수가 없습니까?」

공자가 말했다.

「있지. 저 무덤을 바라보면 불룩하고 우뚝하고 봉곳하고 불룩한데, 곧 휴식할 곳임을 알겠지.」

자공이 말했다.

「위대하다, 죽음이여! 군자는 휴식을 하고, 소인은 굴복하는 것이군요.」

공자가 말했다.

「사(賜)여, 그대는 그것을 알았구나! 사람들은 모두 삶의 즐거움은 알지만 삶의 괴로움은 알지 못한다. 늙음의 피곤함은 알지만 늙음의 편안함은 알지 못한다. 죽음의 나쁨은 알지만 죽음의 휴식은 알지 못한다.」

子貢倦於學, 告仲尼曰, 願有所息. 仲尼曰, 生無所息. 子貢曰, 然則賜息無所乎? 仲尼曰, 有焉耳. 望其壙, 睪如也, 宰如也, 墳如也, 鬲如也, 則知所息矣. 子貢曰, 大哉, 死乎! 君子息焉, 小人伏焉.

仲尼曰, 賜, 汝知之矣. 人胥知生之樂, 未知生之苦. 知老之憊, 未知老之佚. 知死之惡, 未知死之息也.

- 倦(권) : 권태로움. 싫증이 남.
- 仲尼(중니) : 공자의 자.
- 賜(사) : 자공(子貢)의 이름.
- 壙(광) : 무덤. 묘혈(墓穴).
- 皋如(고여) : 언덕처럼 불룩히 솟은 모양. 皋는 皐(고)의 속자.
- 宰如(재여) : 물건이 우뚝 솟은 모양.
- 墳如(분여) : 봉곳이 솟은 모양.
- 鬲如(역여) : 솥처럼 불쑥 솟아 있는 모양.
- 伏(복) : 군자는 천명을 즐기며 태연히 죽으므로 죽음이 휴식
  이 되지만, 소인에게는 근심과 괴로움을 떠나는 것이며, 한
  편 두려운 것이기 때문에 죽음이 「굴복하여 엎드리는 것」이
  나 다름없게 되는 것이다.
- 胥(서) : 모두. 다.
- 憊(비) : 가쁨. 피곤함.
- 佚(일) : 안일. 편안함.

  * 여기서는 공자와 그의 제자 자공의 대화를 통하여 사람에
게 있어 죽음이란 진정한 휴식임을 강조하고 있다. 죽음이 휴
식이라면 부지런히 살다가 태연히 죽음을 맞이해야 할 것이다.
한편 학문에 싫증난 제자를 격려하는 말로서는 뜨거운 공자의
학문을 향하는 정열과 강한 신념이 느껴진다.

9.

안자(晏子)가 말했다.

「훌륭하다. 옛날부터 있어 온 죽음이여! 어진 사람은 휴식을 하고 어질지 못한 사람은 굴복을 한다. 죽음이란 것은 덕(德)이 귀착하는 곳이다. 옛날에는 죽은 사람을 돌아가신 사람이라 말했다. 죽은 사람을 돌아간 사람이라고 말한다면, 곧 산 사람은 길을 가는 사람이 된다. 길을 가면서 돌아갈 줄 모른다면 그는 집을 잃은 자라 할 것이다. 한 사람이 집을 잃으면 온 세상이 그를 비난하지만, 온 천하 사람들이 집을 잃으면 비난할 줄을 모른다.

어떤 사람이 고향을 떠나 집안 사람들을 버리고 집안 일을 내던지고 사방으로 유람하면서 돌아가지 않는 자가 있다면, 어떤 사람이라 하겠는가? 세상에서는 반드시 그를 두고 방탕한 사람이라고 말할 것이다.

또 어떤 사람이 육체적인 삶을 중히 여기고 교묘한 능력을 뽐내며 명예를 닦아 세상에 과장된 자랑을 하면서도 그칠 줄을 모르는 자가 있다면, 또한 그를 어떤 사람이라 하겠는가? 세상에서는 반드시 그를 지혜와 꾀가 있는 사람이라 여길 것이다.

이 두 사람은 모두가 그릇된 자들이다. 그러나 세상에

서는 한쪽 편은 들어주면서도 다른 한쪽 편은 들어주지 않는다. 오직 성인(聖人)만이 제대로 편들어 줄 것을 알고 버릴 것도 안다.」

晏子曰, 善哉, 古之有死也! 仁者息焉, 不仁者伏焉. 死也者, 德之徼也. 古者謂死人爲歸人. 夫言死人爲歸人, 則生人爲行人矣. 行而不知歸, 失家者也. 一人失家, 一世非之, 天下失家, 莫知非焉.

有人去鄕土, 離六親, 廢家業, 遊於四方而不歸者, 何人哉? 世必謂之爲狂蕩之人矣. 又有人鍾賢世, 矜巧能, 脩名譽, 誇張於世, 而不知已者, 亦何人哉? 世必以爲智謀之士. 此二者胥失者也, 而世與一不與一. 唯聖人知所與, 知所去.

- 晏子(안자) : 보통은 「안자춘추(晏子春秋)」를 지은 춘추(春秋) 시대 제(齊)나라의 대부인 안영(晏嬰)을 안자라 부른다. 「한서(漢書)」 예문지(藝文志)에서는 그를 유가(儒家)로 치고 있는데, 여기의 안자가 안영을 뜻하는지는 확실치 않다.
- 徼(요) : 돌아오는 것, 돌아가는 곳.
- 一世(일세) : 온 세상.
- 六親(육친) : 부모 형제 처자(漢書應劭注). 그 밖에 설이 구구

하나 집안 사람들을 가리키는 말임에는 틀림없다.

- 狂蕩(광탕) : 사리를 생각할 능력이 없는 방탕한 것.
- 鍾(종) : 중히 여기는 것.
- 賢世(현세) : 形生(형생)으로 씀이 옳으며, 「육체적인 생활」, 「육신의 삶」(張湛注). 현명하게 세상을 살아가는 것.
- 矜(긍) : 뽐내다. 자랑하다.
- 誇張(과장) : 자기를 과시하다. 지나치게 뽐내는 것.
- 胥失(서실) : 다 잘못된 것.
- 與(여) : 편을 들다. 지지하다.

* 열자는 인생이란 여행을 하다가 자기 집으로 돌아가는 것과 같다. 삶은 여행이요, 죽음은 집으로 돌아가는 것이다. 그래서 우리나라에서도 죽는 것을 「돌아간다.」고 말했는지도 모른다.

그러나 세상 사람들은 이러한 진리를 잘 모른다. 사람들은 삶에 집착하여 교묘히 세상의 명리(名利)를 추구하는 사람을 가리켜 지혜롭고 꾀많은 사람이라 말한다. 이것은 죽음과 삶에 대한 올바른 인식이 되어 있지 않기 때문이라는 것이다. 따라서 만사에 통달한 성인만이 올바른 생활태도에 대하여, 즉 사는 일에 집착하는 것과 죽음을 두려워하는 것 모두가 잘못이다라는 평가를 내릴 수 있다는 것이다.

10.

어떤 사람이 열자에게 말했다.

「선생님은 어찌하여 공허함(虛)을 귀중히 여기십니까?」

열자가 말했다.

「공허함이란 것에는 귀중함이 없습니다.」

열자가 또 말했다.

「그 이름(名)을 부정한다면 고요함(靜)만한 것이 없고, 공허함만한 것이 없습니다. 고요하고 공허하다면 그의 살 곳을 터득한 것이요, 물건을 취하고 주고 한다면 그의 처신을 잃은 것입니다.

일이 파괴(破壞)된 뒤에야 어짊과 의로움(仁義)을 고무(鼓舞)하는 사람이 있는데, 본연(本然)으로 되돌아갈 수가 없는 일입니다.」

或謂子列子曰, 子奚貴虛? 列子曰, 虛者無貴也. 子列子曰, 非其名也, 莫如靜, 莫如虛. 靜也虛也, 得其居矣, 取也與也, 失其所矣.

事之破礄, 而後有舞仁義者, 弗能復也.

• 奚(해) : 어찌하여. 어째서.

- 名(명) : 실(實)에 대한 반대로 어떤 물건이나 일을 나타내는 명칭. 사실은 이름 때문에 존재하는 것은 아니라는 뜻이다. 「노자(老子)」에도 「이름(名)이라 하더라도 이름 붙일 수 있는 것은 영원한 이름이 아니다.」고 하였는데, 여기의 이름(名)은 같은 개념을 지닌 말이다. 형식적인 것.
- 其居(기거) : 그가 편안히 지낼 곳.
- 破碬(파훼) : 파괴.
- 舞(무) : 고무(鼓舞)하다.
- 復(복) : 본연(本然)의 상태로 되돌아가는 것.

* 여기서는 사람들이 살아나가자면 고요하고 공허한 태도와 마음가짐을 가지는 게 가장 옳은 길임을 역설하고 있다. 고요하고 공허한 것이야말로 올바른 도의 본성(本性)과 부합되는 가장 자연스러운 길이기 때문이다. 사람이란 어떤 물질적인 욕망 때문에 취하고 주고 하는 사이에 사람의 본연의 자세로부터 멀어지게 된다. 일단 본연의 고요하고 공허한 상태로부터 떠나기만 하면 아무리 어짊과 의로움을 주장한다 하더라도 다시는 그 본연의 자태로 돌아가지 못한다는 것이다.

11.

육웅(鬻熊)이 말했다.

「자연의 운전(運轉)은 그침이 없고 하늘과 땅도 슬며시 옮겨가고 있으니, 누가 그것을 깨닫겠는가? 그러므로 만물은 저편에서 줄어들면 이편에는 차게 되며, 이편에서 이루어지면 저편에서는 무너지는 것이다. 줄고, 차고, 이루어지고, 무너지고, 출생함에 따라 죽어가며, 왔다 갔다 연이어져 그 틈은 살필 수도 없는데, 누가 그것을 깨닫겠는가?

무릇 한 가지 기운은 갑자기 나오는 것이 아니며, 한 가지 형체는 갑자기 무너지는 것이 아니다. 또한 그것이 이루어지는 것도 깨닫지 못하지만, 그것이 무너지는 것도 깨닫지 못한다. 또한 그것은 사람이 나서부터 늙을 때까지 용모와 얼굴과 지혜와 행동이 하루도 다르지 않은 날이 없는 것과 같은 것이다. 피부와 손톱과 머리카락은 나는 대로 떨어져 나가 어릴 때라 하더라도 정지하여 바뀌지 않는 일이 없는 것이다. 잠깐 사이도 살필 수가 없고 기다렸다 뒤에 가서야 알게 되는 것이다.」

鬻熊曰, 運轉亡已, 天地密移, 疇覺之哉? 故物損於彼者, 盈於此, 成於此者, 虧於彼. 損盈成虧, 隨世隨死, 往來相接, 間不可省, 疇覺之哉?

凡一氣不頓進, 一形不頓虧. 亦不覺其成, 不覺其虧. 亦如人自世至老, 貌色智態, 亡日不異. 皮膚爪髮, 隨世隨落, 非嬰孩時有停而不易也. 閒不可覺, 俟至後知.

- 鬻熊(육웅) : 주(周)나라 문왕(文王)의 스승으로, 초(楚)나라에 봉(封)함을 받았다. 그의 저서로「육자(鬻子)」22편이 있다.
- 運轉(운전) : 천체의 운행. 사철의 변화 같은 것.
- 亡已(무이) : 그침이 없는 것.
- 疇(주) : 누구.
- 〈隨(수)…隨(수)…〉 : …하는 대로 …하다, …하면서 …한다.
- 世(세) : 生(생)으로, 씀이 옳다(張湛注). 태어나는 것.
- 閒(간) : 간격. 잠깐 사이.
- 頓(돈) : 갑자기.
- 俟(사) : 기다림.

*천지와 만물은 잠시도 쉬지 않고 움직이면서 변화하고 있다. 잠시도 쉬지 않는 변화를 사람들은 깨닫지 못하고 있을 따름이다. 천체도 쉴새 없이 돌고 있고, 지구도 돌고 있으며, 만물도 변화하고 있다. 이 속에 사는 사람도 예외가 될 수 없다. 낳아서부터 죽을 때까지 일각도 쉬지 않고 사람의 몸과 마음도 변화한다. 이런 당위(當爲)의 법칙을 안다면, 사람의 늙음이나

죽음에 대하여 조금도 초조할 필요가 없을 것이다. 움푹한 땅에는 물이 고이고 높은 언덕은 조금씩 낮아지거나 깎이어 가는 것처럼 사람이 낳았다가는 늙고 또 죽는 것이 당연한 순환 법칙이라는 것이다.

12.
기(杞)나라의 어떤 사람이 하늘과 땅이 무너지고 떨어져 몸둘 곳이 없게 될 것을 근심하여 잠자고 밥먹는 것조차도 잊었었다.

또 어떤 이는 그가 걱정하는 것을 걱정하였다.

그래서 그를 찾아가 깨우치려고 말했다.

「하늘은 기운이 쌓여 있는 것이니, 기운이 없는 곳이란 없는 것이오. 그대는 몸을 움직이고 호흡을 하면서 하루종일 하늘 가운데에서 행동하며 몸담고 있는데, 어째서 무너져 떨어질 것을 근심하오?」

그 사람이 말했다.

「하늘이 과연 기운이 쌓인 것이라면, 해와 달과 별들이 떨어지게 마련이 아닙니까?」

그를 깨우치려는 사람이 말했다.

「해와 달과 별들이란 또한 기운이 쌓인 가운데에서 빛

을 지니고 있는 것들이오. 그것이 떨어진다 하더라도 또한 맞아서 부상을 당하는 일이 있을 수는 없을 것이오.」

그 사람이 말했다.

「땅이 무너지는 것은 어떻게 합니까?」

깨우치려는 사람이 말했다.

「땅이란 흙덩이가 쌓인 것이오. 사방 빈 곳에 꽉 차있어서 흙덩이가 없는 곳이란 없소. 당신이 머뭇거리고, 걷고, 밟고, 뛰고 하면서 하루 종일 땅 위에서 행동하며 몸 담고 있는데, 어찌하여 그것이 무너질 것을 두려워하오?」

그 사람은 시원한 듯이 크게 기뻐했고, 그를 깨우치려던 사람도 역시 시원해서 크게 기뻐하였다.

장려자(長廬子)가 그 얘기를 듣고서 웃으면서 말했다.

「무지개, 구름, 안개, 바람, 비, 사철(四時) 등과 같은 것은 기운이 쌓이어 하늘에 이루어진 것들이다. 산악, 강, 바다, 쇠, 돌, 불, 나무 등과 같은 것은 형체가 이루어져 땅에 쌓인 것들이다. 기운이 쌓인 것임을 알고 흙덩이가 쌓인 것임을 안다면 어찌 무너지지 않는다고 말할 수가 있겠는가?

대저 하늘과 땅이란 공허한 가운데 있는 한 가지 미세한 물건이요, 존재 가운데에서 가장 큰 물건이어서 끝장이 나기도 어렵고, 다하기도 어렵도록 본시부터 그렇게 되어 있는 것이다. 헤아리기도 어렵고, 알기도 어렵도록 본시부터 그렇게 되어 있는 것이다. 그것이 무너질까 걱정하는 사람은 진실로 너무나 멀리 생각하기 때문이요, 그것이 무너지지 않는다고 말하는 사람도 역시 옳지 않은 것이다. 하늘과 땅은 무너지지 않을 수가 없는 것이니, 곧 언젠가는 무너지게 될 것이다. 그것이 무너질 때가 된다면 어찌 걱정하지 않을 수가 있겠는가?」

열자가 그 말을 듣고서 웃으면서 말했다.

「하늘과 땅이 무너질 것이라고 말하는 사람도 잘못이지만, 하늘과 땅이 무너지지 않을 것이라고 말하는 사람도 역시 잘못이다. 무너질지 무너지지 않을는지는 우리로서는 알 수가 없는 일이다. 비록 그렇다 하더라도 저래돼도 한 가지요, 이래돼도 한 가지인 것이다. 그러므로 출생할 때에는 죽음을 알지 못하고, 죽을 때에는 출생을 알지 못하며, 올 때에는 가는 것을 알지 못하고, 갈 때에는 오는 것을 알지 못하는 것이다. 무너지고 안 무너지는데 대하여 내 어찌 마음을 담아두겠는가?」

杞國有人, 憂天地崩墜, 身亡所寄, 廢寢食者, 又

有憂彼之所憂者，因往曉之曰，天積氣耳，亡處亡氣。若屈伸呼吸，終日在天中行止，奈何憂崩墜乎？

其人曰，天果積氣，日月星宿，不當墜邪？曉之者曰，日月星宿，亦積氣中之有光耀者。只使墜，亦不能有所中傷。

其人曰，奈地壞何？曉者曰，地積塊耳。充塞四虛，亡處亡塊。若躇步跐蹈，終日在地上行止，奈何憂其壞？其人舍然大喜，曉之者亦舍然大喜。

長盧子聞而笑之曰，虹蜺也，雲霧也，風雨也，四時也，此積氣之成乎天者也。山岳也，河海也，金石也，火木也，此積形之成乎地者也。知積氣也，知積塊也，奚謂不壞？夫天地，空中之一細物，有中之最巨者，難終難窮，此固然矣。難測難識，此固然矣。憂其壞者，誠為大遠，言其不壞者，亦為未是。天地不得不壞，則會歸於壞。遇其壞時，奚為不憂哉？

子列子聞而笑曰，言天地壞者亦謬，言天地不壞者亦謬。壞與不壞，吾所不能知也。雖然，彼一也，此一也。故生不知死，死不知生，來不知去，去不知來。壞與不壞，吾何容心哉？

- 杞(기) : 옛나라 이름. 주(周)나라 무왕(武王)이 은(殷)나라를 쳐부순 다음 하(夏)나라 후손인 동루공(東樓公)을 기나라에 봉하여 우(禹)임금의 제사를 받들도록 하였다. 뒤에 초(楚)나라에 멸망당하였으며, 지금의 하남성(河南省) 기현(杞縣)에 그 옛 도읍터가 있다.
- 崩墜(붕추) : 무너져 떨어지다. 여기에서 쓸데 없는 걱정을 한다는 말로,「기우(杞憂)」라는 숙어가 생겨났다.
- 曉(효) : 깨우치다.
- 屈伸(굴신) : 몸을 굽혔다 폈다 하는 행동.
- 中傷(중상) : 맞아서 다치는 것.
- 躇(저) : 주저하다. 제자리걸음.
- 跐蹈(자도) : 밟고 뛰고 하는 것.
- 舍然(석연) : 釋然(석연)과 같은 말로, 시원하게 풀리는 모양.
- 長廬子(장려자) : 옛날의 어진 사람. 초(楚)나라 사람으로, 그의 저서로는 「장려자(長廬子)」 9편이 있었다 한다.
- 虹蜺(홍예) : 무지개. 홍(虹)은 수무지개, 예(蜺)는 암무지개라 한다.
- 奚(해) : 어찌.
- 有中(유중) : 존재하고 있는 물건 가운데.
- 固然(고연) : 본시부터 그러한 것.
- 大遠(태원) : 너무나 멀리까지 생각을 하는 것.
- 會(회) : …하게 된다, 반드시 …하게 된다.
- 謬(류) : 그릇됨. 잘못.
- 彼一也, 此一也(피일야, 차일야) : 저것도 한가지요, 이것도 한

가지이다. 무너져서 모두가 죽는데도 한 가지이고, 안 무너
져서 모두가 산대도 한 가지라는 뜻임.

• 容心(용심) : 마음을 담아두고 생각하며 걱정하는 것.

＊하늘과 땅이 무너지지 않을까 기우(杞憂)를 하는 사람이 있
었다. 반면 하늘이나 땅은 무너지지 않을 것이라 하여 걱정할
필요가 없다고 주장하는 사람이 있었다. 열자가 보기에 이런 사
람들은 모두가 분에 넘치는 생각을 하고 있는 사람들이다.

하늘과 땅이 무너지느냐 무너지지 않느냐 하는 문제는 사람
들이 걱정할 일이 아니다. 그런 쓸데 없는 생각은 사람들을 올
바로 살아나가지 못하게 마음에 혼란을 일으킬 따름이다. 사람
은 분에 넘치는 생각을 떨쳐버리고 자연의 질서에 따라 편안한
마음으로 삶을 누려야만 한다는 것이다.

13.

순(舜)임금이 증(烝)에게 물었다.

「도(道)란 구하여 가지고 있을 수가 있는 것입니까?」

그는 대답했다.

「당신의 몸도 당신이 갖고 있는 것이 아니거늘, 당신
이 어떻게 도를 구하여 가지고 있겠습니까?」

순임금이 말했다.

「내 몸을 내가 갖고 있는 것이 아니라면, 누가 그것을 갖고 있단 말입니까?」

그는 대답했다.

「그것은 하늘과 땅이 맡기어 놓은 형체입니다. 생명도 당신이 갖고 있는 것이 아니니, 그것은 하늘과 땅이 맡기어 화합(和合)된 것입니다. 타고난 본성도 당신이 갖고 있는 것이 아니니, 그것은 하늘과 땅이 맡기어 순리(順理)로 된 것입니다. 자손들도 당신이 갖고 있는 것이 아니니, 그것은 하늘과 땅이 맡기어 변형된 것입니다. 그러므로 나가 다녀도 갈 곳을 알지 못하고, 들어앉아 있어도 지닌 것을 알지 못하고, 음식을 먹어도 그 까닭을 알지 못하는 것입니다. 하늘과 땅은 강한 양기(陽氣)인데, 어떻게 해서 얻어 가질 수가 있겠습니까?」

舜問乎烝曰, 道可得而有乎? 曰, 汝身非汝有也, 汝何得有夫道?

舜曰, 吾身非吾有, 孰有之哉? 曰, 是天地之委形也. 生非汝有, 是天地之委和也. 性命非汝有, 是天地之委順也. 孫子非汝有, 是天地之委蛻也. 故行不

知所往, 處不知所持, 食不知所以. 天地, 强陽氣也,
又胡可得而有邪?

- 烝(증) : 순임금 시대의 어진 사람.
- 委形(위형) : 맡기어 형성된 것. 자연에 의하여 형성된 것.
- 委和(위화) : 자연의 화합으로 인하여 존재하는 것.
- 性命(성명) : 생명. 타고난 운명.
- 委順(위순) : 자연의 순리(順理)를 따라 존재하는 것.
- 孫子(손자) : 자손.
- 委蛻(위세) : 자연에 의하여 벌레가 껍질을 벗듯이 변화하여 이루어진 껍질 같은 것.
- 强陽氣(강양기) : 강한 양의 기운, 곧 생기(生氣)를 가리킨다.

　*엄밀히 따져보면, 사람은 아무것도 소유하고 있지 않다. 자기의 목숨이나 자기의 몸 또는 자기의 자손들까지도 모두가 사람의 소유가 아니다. 그것들은 모두가 자연에 의하여 자연히 생겨난 것이다. 사람은 어디서 왔다가 어디로 가는지, 또는 왜 살고 있는지도 모르면서 살고 있는 것이다.

　이처럼 사람은 아무것도 가진 게 없다. 모두가 자연에 의하여 생겨났고, 또 자연에 의하여 결정되고 있는 것이다. 그러니 사람은 사소한 명리(名利) 같은 것을 위하여 아귀다툼할 것 없이 초연히 자연에 따라서 살아가야 한다는 것이다.

14.

제(齊)나라의 국씨(國氏)는 큰 부자였고, 송(宋)나라의 상씨(向氏)는 크게 가난하였다. 상씨는 송나라에서 제나라로 가서 부자가 된 술법을 물었다.

국씨는 그에게 대답하였다.

「나는 도둑질을 잘합니다. 처음에 내가 도둑질을 하자, 1년 만에 자급(自給)하게 되었고, 2년 만에 풍족하게 되었고, 3년 만에는 크게 풍성해졌습니다. 이로부터는 고을 사람들에게까지 재물을 베풀어 주게 되었습니다.」

상씨는 크게 기뻐하였는데, 그가 도둑질하였다는 말만을 알아 듣고 그가 도둑질한 방법에 대해서는 깨닫지를 못하였다. 마침내 그는 남의 담을 뛰어넘어 집안에 구멍을 뚫고 들어가 손과 눈이 닿는 대로 무엇이나 집어왔다. 얼마 안 있다가 도둑질한 죄로 잡히어 그의 조상들이 살던 집 재물까지도 몰수당했다.

상씨는 국씨가 자기를 그르쳐 놓았다고 하여 그를 찾아가 원망했다.

국씨가 말했다.

「당신은 도둑질을 어떻게 하였습니까?」

상씨는 자기가 한 모양을 그대로 얘기하였다.

그러자 국씨가 말했다.

「아하! 당신은 도둑질하는 도리를 이토록 몰랐단 말입니까? 이제 내가 당신에게 얘기해 드리지요.

내가 듣건대, 하늘에는 때가 있고 땅에는 이로움(利)이 있다더군요. 나는 하늘과 땅의 때와 이로움을 훔쳤습니다. 구름과 비가 내리는 물기와 산과 못이 생산하는 물건으로서 나의 벼를 기르고, 나의 곡식을 불렸으며, 나의 담을 쌓고 우리 집을 세웠습니다. 땅에서는 새와 짐승을 훔치고, 물에서는 고기와 자라를 훔쳤으니 도둑질이 아닌 게 없었습니다. 모든 벼와 곡식과 흙과 나무와 새와 짐승과 고기와 자라는 모두가 하늘이 생육시키는 것이니, 어찌 나의 소유라 하겠습니까? 그러나 나는 하늘의 것을 훔쳤기 때문에 재앙이 없었습니다.

모든 금과 옥과 진주와 보배와 곡식과 비단과 재물들은 사람들이 모은 것이니, 어찌 하늘이 준 것이라 할 수 있겠습니까? 당신이 그것을 도둑질하여 죄를 졌다면 누구를 원망하겠습니까?」

상씨는 크게 당황하여 국씨가 거듭 자기를 속이는 것이라 여겼다. 동곽(東郭) 선생을 방문하여 그는 이에 대하여 물었다.

동곽 선생이 대답하였다.

「그대의 한 몸도 어찌 도적질한 게 아니겠소? 음(陰)과 양(陽)의 조화를 도적질하여 그대의 삶을 이룩하였고 그대의 형체를 완성하였거늘, 하물며 그 밖의 물건이야 도둑질 아닌 게 있겠소? 진실로 그러하다면 하늘과 땅과 만물은 서로 떨어질 수가 없는 것이오. 자기 것이라 인정하고 그것을 소유하는 것은 모두가 미혹한 짓이오. 국씨의 도둑질은 공정한 방법이기 때문에 재앙이 없는 것이오. 당신의 도적질은 사사로운 마음에서 하였기 때문에 죄를 졌던 것이오.

공(公)과 사(私)가 있는 것도 도둑질이요, 공과 사가 없는 것도 역시 도둑질인 것이다. 공을 공으로 인정하고, 사를 사로 인정하는 게 하늘과 땅의 덕인 것이다. 하늘과 땅의 덕을 아는 자라면, 누가 도둑질을 하겠는가? 누가 도둑질을 하지 않겠는가?」

齊之國氏大富, 宋之向氏大貧. 自宋之齊, 請其術. 國氏告之曰, 吾善爲盜. 始吾爲盜也, 一年而給, 二年而足, 三年大壤. 自此以往, 施及州閭.

向氏大喜, 喻其爲盜之言, 而不喻其爲盜之道. 遂

踰垣鑿室，手目所及，亡不探也．未及時，以贓獲罪，沒其先居之財．

向氏以國氏之謬己也，往而怨之．國氏曰，若爲盜若何？向氏言其狀，國氏曰，嘻！若失爲盜之道至此乎？今將告若矣．

吾聞天有時，地有利．吾盜天地之時利．雲雨之滂潤，山澤之產育，以生吾禾，殖吾稼，築吾垣，建吾舍．陸盜禽獸，水盜魚鼈，亡非盜也．夫禾稼土木禽獸魚鼈，皆天之所生，豈吾之所有？然吾盜天而亡殃．

夫金玉珍寶穀帛財貨，人之所聚，豈天之所與？若盜之而獲罪，孰怨哉？向氏大惑，以爲國氏之重罔己也．過東郭先生，問焉．

東郭先生曰，若一身，庸非盜乎？盜陰陽之和，以成若生，載若形，況外物而非盜哉？誠然，天地萬物，不相離也．認而有之，皆惑也．國氏之盜，公道也，故亡殃．若之盜，私心也，故得罪．

有公私者，亦盜也．亡公私者，亦盜也．公公私私，天地之德．知天地之德者，孰爲盜邪？孰爲不盜邪？

- 請其術(청기술) : 그에게 부자가 된 술법을 가르쳐달라고 요청하다.
- 給(급) : 자급자족(自給自足)하다.
- 壤(양) : 穰(양)과 통하여, 풍성한 것.
- 施(시) : 시여(施與). 재물을 나누어주는 것.
- 州閭(주려) : 고을과 마을의 일반 백성들.
- 踰垣(유원) : 남의 집 담을 뛰어넘는 것.
- 鑿室(착실) : 집 벽에 구멍을 뚫고 방 안으로 들어가는 것.
- 未及時(미급시) : 얼마 되지 않아서.
- 臧(장) : 남의 물건을 훔친 것.
- 先居(선거) : 선대 조상들이 살던 곳.
- 謬己(유기) : 자기를 그릇친 것.
- 嘻(희) : 감탄사, 아하!
- 滂潤(방윤) : 습기. 물기의 침윤(浸潤).
- 殖(식) : 불리다.
- 稼(가) : 농사 지은 곡식.
- 鼈(별) : 자라.
- 重罔己(중망기) : 거듭 자기를 속이다.
- 庸(용) : 어찌.
- 載(재) : 이룩하다.
- 認而有之(인이유지) : 자기 것이라 인정하고서, 그것을 소유하는 것.
- 殃(앙) : 재앙. 재난.
- 公公私私(공공사사) : 공은 공으로, 사는 사로 분별하는 것.

*사람은 하늘과 땅 사이에 살면서 하늘과 땅의 힘을 빌어 살아나간다. 이것을 말을 바꾸어 표현하면, 하늘과 땅의 것을 도둑질하며 살아나간다고도 볼 수 있다. 그러나 하늘과 땅의 것을 훔치는 것은 공적(公的)인 도이기 때문에 아무런 처벌도 받지 않는다. 남이 모아 놓은 남의 재물을 훔치는 것은 사사로운 욕심에서 행하여지는 행동이므로 죄라는 것이다.

 이 말은 이 세상에는 본디 사람의 것이란 하나도 없으며, 나의 몸이나 생명까지도 그것은 나의 소유가 아니라는 초연한 관점에 근거를 둔 것이다. 이것은 사람이란 「빈손으로 왔다가 빈손으로 간다.」는 불교의 입장과도 통하는 것이다. 이 세상에 자기 것이란 있을 수 없고, 결국은 빈손으로 죽어갈 것이라면 사람들과 서로 아귀다툼을 할 이유가 없게 된다. 다만 하늘과 땅의 것을 공적으로 도둑질하면서 의연히 살아갈 따름일 것이다.

 이것은 이 「천서편」의 결론이라고도 할 수 있다. 사람이란 하늘과 땅에 힘입어 살아가는 것이니, 자연의 섭리에 따라 사심(私心) 없이 살아가야만 한다는 것이다. 여기에서는 사람들이 세상에서 흔히 따지는 선악(善惡)의 관념을 초월하고 있다. 자연의 섭리는 절대적인 것이어서 상대적인 선악의 개념이 적용될 여지조차도 없는 것이다.

열자

제2권

2. 황제편黃帝篇

　「황제」란 편명은, 이 편의 문장 첫머리에서 따온 것이다. 황제
는 도학(道學)을 황로지학(黃老之學)이라 부를 만큼 도가에서는 노
자와 함께 존경을 받고 있다. 그것은 중국의 옛 성왕(聖王)들 중에
서도 황제야말로 도가에서 주장하는 가장 이상적인 정치를 행한
임금이라 믿어지기 때문이다. 유가(儒家)들은 요순(堯舜)을 성군
으로 치지만, 도가의 입장에서 볼 때 요순은 무심(無心)·무위(無
爲)의 지극한 경지에까지 도달했다고는 볼 수 없다.

　이 편에서는 주로 이상적인 성인(聖人)이나 지극한 사람(至人)
은 어떠한 사람을 말하는가 설명한 다음 「지인」으로서의 마음가
짐과 행동을 여러 가지 각도에서 설명하고 있다.

　이 편을 통하여 도가들이 설명하는 이상적인 인간상(人間像)을
파악하게 되리라 믿는다.

1.

황제(黃帝)가 왕위에 오른지 15년 동안 온 천하가 자기를 추대함을 기뻐하고, 자기의 성명(性命)을 기르면서 귀와 눈을 즐겁게 하고, 코와 입에 좋은 음식을 들었으나 살갗은 야위어 까칠하게 까매지고 멍하니 감정이 흐리멍덩해졌다.

다시 15년 동안은 천하가 다스려지지 않음을 걱정하여 자기의 총명(聰明)을 다하고 지력(智力)을 다 발휘하면서 백성들을 보살폈는데, 살갗은 까칠하게 까매지고 야위어 멍하니 감정이 흐리멍덩해졌다.

황제는 이에 크게 한숨지으면서 말했다.

「나의 잘못이 지나치다. 자기 한 몸을 보양(保養)해 보아도 그 환난이 이와 같고, 만물을 다스려보아도 그 환난이 이와 같구나.」

이에 만 가지 일들을 내던지고 궁전을 버리고, 당번과 내시들을 물리치고, 음악 연주를 철폐하고 음식을 절감한 다음, 궁전 깊숙한 건물에서 한갓지게 지내면서 마음을 제계(齋戒)하고, 몸을 닦고 석 달 동안 정사를 친히 돌보지 않았다.

어느 날 낮잠을 자다가 꿈에 화서씨(華胥氏)의 나라에 노닐게 되었다. 화서씨의 나라는 엄주(弇州)의 서쪽, 태주(台州)의 북쪽에 있었는데, 중국(中國)으로부터 몇천 만 리나 떨어져 있는지 알지 못한다. 그곳은 배나 수레 또는 다리의 힘을 빌어 갈 수 있는 곳이 아니며, 다만 정신만이 노닐 수 있는 곳이다.

그 나라에는 우두머리가 없고 저절로 되어갈 따름이었다.

그 백성들은 욕망이 없고 되는 대로 살아갈 따름이었다. 삶을 즐길 줄도 모르거니와 죽음을 싫어할 줄도 모르므로 일찍 죽는 일이 없었다. 자기를 친애할 줄도 모르거니와 외물(外物)을 소원(疎遠)할 줄도 모르기 때문에 사랑과 미움이 없었다. 어기어 반역할 줄도 모르거니와 따라서 순종할 줄도 모르므로 이롭고 해로운 게 없었다. 전혀 사랑하고 애석하게 여기는 것도 없거니와 전혀 두려워하고 꺼리는 것도 없었다. 물에 들어가도 빠져 죽지 않고 불에 들어가도 뜨거워하지 않으며, 찌르고 매질해도 상함과 아파함이 없고, 꼬집고 긁어도 아파하고 간지러워함이 없었다. 공중을 다니는 것이 실지(實地) 땅을 밟고 다니는 것 같았고, 허공에서 잠자는 것이 침대 위에 누워 있는 거와 같았다. 구름과 안개도 그들의 시력을 가리지 아니하고, 벼락치는 소리도 그들의 청력을 어지럽히지 않았다. 아름다움과 흉함도 그들의 마음을 어지럽히지 않았고, 산과 골짜기도 그들의 걸음을 멈추게 하지 못하였으며 정신적으로 다닐 따름이었다.

　황제는 잠을 깬 다음 기쁜 듯이 스스로 깨달았다. 천로(天老)와 역목(力牧)과 태산계(太山稽)를 불러 놓고 그들에게 말했다.

　「나는 석 달 동안 한가롭게 지내면서 마음을 재계하고, 몸을 닦으면서 자신을 보양(保養)하고, 만물을 다스리는 도(道)를 얻기를 생각하였으나 그 술법은 얻지 못하였소. 피곤하여 잠을 자다가 꿈을 꾼 게 이러하였소. 이제야 지극한 도는 정(情)으로써 구할 수 없는 것임을 알았소. 나는 그것을 알았소. 나는 그것을 터득하였소. 그러나 그것을 당신들에게 얘기해 줄 수는 없소.」

또 28년 동안 천하를 크게 다스리어 거의 화서씨의 나라처럼 만들었다. 그리고 임금님(황제)께서 승하(昇遐)하시니, 백성들은 그를 칭송하며 200여 년 동안 다스림을 끊이지 아니하였다.

黃帝卽位, 十有五年, 喜天下戴己, 養正命, 娛耳目, 供鼻口, 燋然肌色皯黣, 昏然五情爽惑. 又十有五年, 憂天下之不治, 竭聰明, 進智力, 營百姓, 燋然肌色皯黣, 昏然五情爽惑.

黃帝乃喟然讚曰, 朕之過淫矣. 養一己, 其患如此, 治萬物, 其患如此. 於是放萬機, 舍宮寢, 去直侍, 徹鍾懸, 減廚膳, 退而閒居大庭之館, 齋心服形, 三月不親政事. 晝寢而夢, 遊於華胥氏之國. 華胥氏之國, 在弇州之西, 台州之北, 不知斯齊國幾千萬里. 蓋非舟車足力之所及, 神遊而已.

其國無帥長, 自然而已. 其民無嗜欲, 自然而已. 不知樂生, 不知惡死, 故無夭殤. 不知親己, 不知疏物, 故無愛憎. 不知背逆, 不知向順, 故無利害. 都無所愛惜, 都無所畏忌. 入水不溺, 入火不熱, 斫撻無傷痛, 指擿無痟癢. 乘空如履實, 寢虛若處床. 雲霧

不硋其視, 雷霆不亂其聽. 美惡不滑其心, 山谷不躓其步, 神行而已.

黃帝旣寤, 怡然自得. 召天老力牧太山稽, 告之曰, 朕閒居三月, 齋心服形, 思有以養身治物之道, 弗獲其術, 疲而睡, 所夢若此. 今知至道不可以情求矣. 朕知之矣, 朕得之矣, 而不能以告若矣.

又二十有八年, 天下大治, 幾若華胥氏之國. 而帝登假, 百姓號之, 二百餘年不輟.

- 黃帝(황제) : B.C. 약 2천6백여 년 전에 중국을 다스렸다는 전설적인 임금 중의 한 사람. 이른바 삼황오제(三皇五帝) 중의 한 분이다.
- 正命(정명) : 正은 性(성)으로 씀이 옳으며(張湛說),「性命(성명)」의 뜻.
- 娛耳目(오이목) : 아름다운 음악과 장식으로 귀와 눈을 즐겁게 함.
- 供鼻口(공비구) : 달콤한 향기와 맛이 나는 음식을 먹었음을 뜻한다.
- 燋然(초연) : 초췌한 모양. 까칠한 모양.
- 黰黯(간매) : 야위고 검은 빛이 도는 것.
- 五情(오정) : 기쁨(喜), 노여움(怒), 슬픔(哀), 즐거움(樂), 원망(怨) 등의 여러 가지 감정.
- 進(진) : 盡(진)과 통하여,「다하는 것」.

- 爽惑(상혹) : 상하여 미혹되는 것, 흐리멍덩해지는 것.
- 喟然(위연) : 크게 탄식하는 모양.
- 讚(찬) : 歎(탄)으로 씀이 옳으며(張湛說), 탄식하다, 한숨짓다.
- 淫(음) : 지나치다. 과하다.
- 萬機(만기) : 임금이 처리하는 만 가지 일.
- 舍(사) : 捨(사)와 통하여,「버리다」.
- 宮寢(궁침) : 임금이 거처하는 궁전.
- 直侍(직시) : 당직(當直)자와 시자(侍者), 곧 당번과 내시.
- 徹(철) : 철폐하다. 거두다.
- 鍾懸(종현) : 아악(雅樂)에 쓰는 여러 가지 악기들.
- 廚膳(주선) : 부엌에서 만들어내는 여러 가지 요리들.
- 大庭(대정) : 大內(대내)와 같은 말로, 궁궐이 있는 영역 안을 가리킴.
- 齋心(재심) : 마음을 재계(齋戒)하는 것. 마음을 깨끗이 하는 것.
- 服形(복형) : 형체, 곧 몸을 수양하는 것.
- 弇州(엄주) : 「회남자(淮南子)」에 의하면, 중국의 구주(九州) 밖의 정서(正西)쪽에 엄주(弇州), 서북쪽에 태주(台州)가 있었다 한다.
- 斯(사) : 거리. 떨어져 있는 것.
- 齊國(제국) : 중국의 중원(中原). 옛 한문화(漢文化)의 발상지역인 황하유역을 중심으로 지역을 가리킨다.
- 神遊(신유) : 몸은 움직이지 않고 정신만 가서 노님.
- 帥長(수장) : 우두머리. 통치자.

- 嗜欲(기욕) : 기호와 욕망.

- 夭殤(요상) : 요절(夭折). 젊어서 일찍 죽는 것.

- 疏物(소물) : 자기 이외의 사물을 소원(疎遠)하는 것.

- 向順(향순) : 남을 따르며 순종하는 것.

- 都(도) : 모두. 전혀.

- 斫撻(작달) : 사람의 몸을 칼 같은 것으로 찌르고 매질하는 것.

- 指摘(지척) : 손가락으로 꼬집고 긁고 하는 것.

- 痏瘍(소양) : 아픔과 간지러움.

- 硋(애) : 막다. 방해하다.

- 滑(골) : 어지럽히다.

- 躓(지) : 넘어지다. 걸려 쓰러지다.

- 怡然(이연) : 기뻐하는 모양. 怡는 悟(오)로 된 판본도 있는데, 「悟然(오연)」은 어떤 일을 깨닫는 모양.

- 天老(천로) : 역목(力牧), 태산계(太山稽)와 함께 황제의 재상. 「한서(漢書)」에 의하면, 태산계는 황제의 스승이었다 한다.

- 情(정) : 감정. 여기서는 특히 유심(有心)을 말한다.

- 登假(등가) : 假는 遐(하)로 씀이 옳으며(張湛說), 승하(昇遐)와 같은 말로서 「임금이 돌아가시는 것」.

- 號(호) : 호칭. 칭송하다.

- 不輟(불철) : 끊이지 않다.

* 황제(黃帝)는 처음에 고심초사(苦心焦思)하면서 자기 몸을 위하고 나라를 다스려 보았으나 몸의 보양(保養)도 정치도 뜻대

로 잘 되지 않았다. 그러다가 꿈에 화서씨(華胥氏)의 나라를 방문하게 되어 지치(至治)란 무엇인가를 깨닫게 되었다. 지극한 정치란, 다스리는 사람이 모든 욕망을 버리고 아무런 작위를 가하는 일이 없는 무심(無心)과 무위(無爲)의 경지에 이르러야만 모든 게 저절로 다스려진다는 것이다.

이러한 도가의 정치 이상은 저절로 다스려지고 자연스럽게 살아가는 「무위이치(無爲而治)」이다. 한편 덕(德)으로 세상을 다스려야 한다고 주장하는 유가(儒家)의 정치 이상도 「대동사회(大同社會)」와 같은 완전한 덕치(德治)에 이르면, 결국 통치자가 아무런 작위도 가하지 않는 「무위이치(無爲而治)」가 되고 만다. 온 세상이 덕에 교화되고 보면 가만히 있어도 서로 돕고, 서로 사양하면서 살아가게 되어 저절로 잘 다스려질 것이기 때문이다. 그 방법은 정반대이면서도 도가와 유가의 정치 이상이 궁극에 이르러는 서로 합치되고 만다는 것은 재미있는 일이다.

2.

열고야산(列姑射山)은 해하주(海河洲) 가운데 있다. 그 산 위에 신인(神人)이 있는데, 바람을 마시고 이슬을 마시되 곡식은 먹지 않았다. 마음은 깊은 샘물과 같았고, 모습은 처녀와 같았다. 무엇을 아끼지도 아니하고 사랑하지도 아니하여 선인(仙人)과 성인(聖人)이 그의 신하 노릇을 하였다. 위압하지도 아니하고 노하지도 아니하여 성실한 사람들이 그의 부림을 받았다. 베풀어 주지도 않고 은혜를 입히지도 않았으나 물건은 저절로 풍족하였고, 모으지도 아니하고 거두지도 않았으나 자기에겐 부족된 것이 없었다. 음(陰)과 양(陽)은 언제나 조화를 이루고, 해와 달은 언제나 밝게 비추었다. 사철은 언제나 순조로웠고, 바람과 비는 언제나 고르게 불고 내렸다. 생물의 번식과 양육은 언제나 때에 맞았고, 매년 곡식은 언제나 풍년이 들었다. 그리고 토지에는 질병이 없었고, 사람에게는 요절(夭折)과 불행이 없었고, 만물에는 병폐가 없었고, 귀신의 요사스런 짓이 없었다.

列姑射山, 在海河洲中. 山上有神人焉, 吸風飲露, 不食五穀. 心如淵泉, 形如處女. 不偎不愛, 仙聖爲之臣. 不畏不怒, 愿愨爲之使. 不施不惠, 而物自足, 不聚不斂, 而己無愆. 陰陽常調, 日月常明, 四時常若, 風雨常均, 字育常時, 年穀常豐, 而土無札傷, 人無夭惡, 物無疵厲, 鬼無靈響焉.

- 列姑射山(열고야산) : 전설적인 산 이름.
- 海河洲(해하주) :「산해경(山海經)」에도 보이지만, 실제로 어느 지역이었는지는 알 수 없다.
- 五穀(오곡) : 옛날의 대표적인 다섯 가지 곡식. 차기장, 메기장, 콩, 보리, 벼(「周禮」注).
- 淵泉(연천) : 깊은 샘. 마음이 깊고 고요한데 비유한 것임.
- 偎(외) : 愛(애)와 통하여,「사랑하다」,「아끼다」.
- 畏(외) : 威(위)와 통하여,「위압하다」,「위력으로 누르다」.
- 愿愨(원각) : 성실한 사람.
- 愆(건) : 부족함. 결핍.
- 常若(상약) : 약(若)은 순(順)과 통하여,「언제나 순조로운 것」.
- 字育(자육) : 생물이 새끼를 낳고, 새끼를 양육하고 하는 것.
- 札傷(찰상) : 질병(疾病).
- 夭惡(요악) : 요절(夭折)하는 것과 불행한 일.
- 疵厲(자려) : 병폐(病蔽). 질병.
- 靈響(영향) : 요사스런 짓. 요망한 소리.

* 여기에서는 열자가 그리던 이상적인 인간상(人間像)이 추구되고 있다. 이상적인 지인(至人)이란 열고야산(列姑射山)의 신인(神人)처럼 아무런 감정이나 욕망 없이 무위(無爲)하게 삶으로써 자연과 조화를 이루는 것이다. 이러한 신인은 유가에서 주장하는 성인(聖人)이나 늙지 않고 오래 산다는 선인(仙人)을 초극(超克)하는 것이다.

3.

열자는 노상씨(老商氏)를 스승으로 삼고, 백고자(伯高子)를 벗으로 삼아 두 사람의 도(道)를 다 터득한 다음에 바람을 타고서 돌아왔다.

윤생(尹生)이 그 얘기를 듣고서 열자를 따르면서 지내기 몇 달이 되도록 자기 집은 돌보지도 않았다. 틈을 타서 그의 술법을 배우려고 청하기를 열 번이나 하였으나 열 번 다 일러주지 않았다. 윤생은 원망하면서 떠나게 해주기를 요청하였으나 열자는 또한 아무런 하명(下命)이 없었다.

윤생은 물러나 몇 달을 보냈으나 미련이 가시지 않아 다시 가서 열자를 따랐다.

열자가 말했다.

「그대는 어찌하여 자주 왔다 갔다 하는가?」

윤생이 말했다.

「전에 제가 선생님께 가르침을 청하였으나 선생님께서는 제게 일러주시지 않으셨으므로 정말로 선생님을 유감스럽게 생각했었습니다. 지금 다시 마음이 다 풀렸기 때문에 다시 찾아온 것입니다.」

열자가 말했다.

「전에 나는 그대를 통달한 사람으로 여겼었는데, 지금 그대가 이토록 야비해지다니? 게 있거라. 너에게 내가 선생님에게서 공부하던 일을 얘기해 주겠다.

내가 나의 스승을 섬기고 그 사람을 벗으로 삼은 뒤 3년 만에 마음은 감히 옳고 그름(是非)을 생각하지 않고, 입은 감히 이롭고 해로움(利害)을 말하지 않게 되었는데, 그제야 비로소 선생님께서는 나를 한 번 돌아보셨네.

5년 뒤에는 마음은 다시 옳고 그름을 생각하고, 입은 다시 이롭고 해로움을 말하게 되었는데, 선생님은 비로소 한번 활짝 웃어주셨어.

7년 뒤에는 마음이 생각하는 바를 따라도 다시는 옳고 그름이 없게 되었고, 입이 말하는 바를 따라도 다시는 이롭고 해로움이 없게 되었는데, 선생님께서는 비로소 한번 나를 부르시어 자리를 나란히 하고 앉으셨었지.

9년 뒤에는 마음이 생각하는 대로 버려두고, 입이 말하는 대로 버려 두어도 또한 나의 옳고 그름과 이롭고 해로움을 알지 못하는 건, 물론 또한 저 사람의 옳고 그름과 이롭고 해로움인지도 알지 못하게 되었고, 또 선생님께서 나의 스승이신지 그 사람이 나의 벗인지도 알지 못하게 되었네. 안과 밖의 구별이 없어져 버린거지. 그런 뒤로는 눈이 귀와 같고, 귀가 코와 같고, 코는 입과 같아서 같지 않은 게 없게 되었네. 마음은 응결(凝結)되고 몸은 풀리어 뼈와 살이 모두 융합(融合)되어, 몸이 의지하고 있는 것과 발이 밟고 있는 것을 깨닫지 못하고 바람을 따라 동쪽으로 갔다 서쪽으로 갔다 하는 것이 마치 나뭇잎이나 매미 껍질처럼 가벼워져서 마침내는 바람이 나를 타는 건지 내가 바람을 타는 건지도 알지 못하게 되었네.

지금 그대는 선생의 문하로 들어와 있은 지 얼마 되지도 않았는데, 원망스럽게 생각하기를 여러 번이나 하였어. 그대의 몸 한 조각도 기운이 받아들여주지 않을 것이며, 그대의 몸 한 마디조차도 땅이 용납하여 주지 않을 것이니, 허공을 밟고 다니며 바람을 타는 일이야 될 수가 있겠는가?」

윤생은 매우 부끄러워 한동안 숨을 몰아쉬면서 감히 다시 말하지 못하였다.

列子師老商氏, 友伯高子, 進二子之道, 乘風而歸.

尹生聞之, 從列子居, 數月不省舍. 因閒請蘄其術者, 十反而十不告. 尹生懟而請辭, 列子又不命.

尹生退數月, 意不已, 又往從之. 列子曰, 汝何去

來之頻? 尹生曰, 曩章戴有請於子, 子不我告, 固有憾於子. 今復脫然, 是以又來. 列子曰, 曩吾以汝爲達, 今汝之鄙至此乎? 姬! 將告汝所學於夫子者矣.

自吾之事夫子, 友若人也, 三年之後, 心不敢念是非, 口不敢言利害, 始得夫子一眄而已. 五年之後, 心庚念是非, 口庚言利害, 夫子始一解顔而笑. 七年之後, 從心之所念, 庚無是非, 從口之所言, 庚無利害. 夫子始一引吾, 竝席而坐. 九年之後, 橫心之所念, 橫口之所言, 亦不知我之是非利害歟, 亦不知彼之是非利害歟, 亦不知夫子之爲我師, 若人之爲我友, 內外進矣.

而後眼如耳, 耳如鼻, 鼻如口, 無不同也. 心凝形釋, 骨肉都融, 不覺形之所倚, 足之所履, 隨風東西, 猶木葉幹殼, 竟不知風乘我邪, 我乘風乎!

今女居先生之門, 曾未浹時, 而懟憾者再三. 女之片體, 將氣所不受, 汝之一節, 將地所不載, 履虛乘風, 其可幾乎?

尹生甚怍, 屛息良久, 不敢復言.

• 進(진) : 盡(진)과 통하여, 「다하다」, 「다 배우다」.

- 乘風(승풍) : 바람을 타다. 「장자(莊子)」소요유(逍遙遊)편에서 도「열자는 바람을 타고 다니기를 시원히 잘한다.」하였다.
- 省舍(성사) : 자기 집 일을 돌보는 것.
- 因間(인한) : 틈을 엿보아, 틈을 내어.
- 蘄(기) : 구(求)하다. 가르침을 바라다.
- 十反(십반) : 열 번 되풀이하다.
- 懟(대) : 원망하다.
- 不命(불명) : 돌아가라든가 남아있으라는 아무런 명령도 내리지 않는 것. 무관심한 것.
- 意不已(의불이) : 뜻이 다하지 않아. 미련이 가시지 않아서.
- 頻(빈) : 자주. 잦다.
- 曩(낭) : 옛날. 전에.
- 章戴(장대) : 윤생(尹生)의 자(字). 戴(대)가 載(재)로 씌어 있는 판본도 있다.
- 脫然(탈연) : 유감스럽던 마음이 풀리는 것.
- 達(달) : 도(道)에 통달하여 있는 것.
- 鄙(비) : 비루(鄙陋)함. 비천(鄙賤)함.
- 姬(거) : 居(거)와 통하여,「있어라」,「거기 있거라」의 뜻.
- 若入(약인) : 그러한 사람, 곧 친구인 백고자(伯高子)를 가리킨다.
- 一眄(일면) : 한 번 돌아다보다. 一顧(일고)의 뜻.
- 庚(경) : 更(갱)과 통하여,「다시」.
- 解顏(해안) : 웃을 때 얼굴을 푸는 것. 활짝.
- 橫(횡) : 멋대로 하는 것. 멋대로 버려두는 것.

- 內外進(내외진) : 안팎이 다하다. 나와 외물(外物)의 한계가 없어지다.
- 眼如耳…(안여이) : 눈은 귀와 같고… 뜻과 마음이 없어져 자기 오관(五官)의 관능(官能)조차도 잊었음을 뜻한다.
- 心凝形釋(심응형석) : 마음은 응결되고 몸은 풀리다, 곧 무심(無心), 무아(無我)의 경지에 이른 것.
- 幹殼(간각) : 매미 껍질.
- 浹時(협시) : 짧은 동안. 일시.
- 片體(편체) : 몸의 한 부분.
- 可幾乎(가기호) : 되기를 바랄 수 있겠는가?
- 怍(작) : 부끄러워하는 것.
- 屛息(병식) : 숨을 몰아쉬는 것.

* 열자는 자기가 공부하던 경험을 통하여 완전한 인간에 이르는 단계를 설명하고 있다. 먼저 사람은 마음속에 도사린 시비(是非)와 이해(利害)의 정을 없애기에 힘써야 한다. 그 다음엔 없애려고 노력함이 없이 자연스러울 수 있는 단계에 이르러야 한다. 다음엔 시비와 이해의 관념이 마음속에서 완전히 떠나버려야 한다. 끝으로는 무심(無心), 무정(無情), 무아(無我)의 경지에 이르러야 한다. 그렇게 되면 사람도 바람을 타고 마음대로 다닐 수 있게 된다는 것이다.

「장자(莊子)」는 소요유(逍遙遊)편에서 열자가 바람을 타고 다닌 것은 훌륭한 일이기는 하나, 바람을 탄다는 것은 아직 의지라는 것이 있음을 뜻하기 때문에 완전한 진인(眞人)은 못된다고 하였다.

4.

열자가 관윤(關尹)에게 물었다.

「지극한 사람(至人)은 물속을 다녀도 숨막히지 아니하고, 불을 밟아도 뜨겁지 아니하며, 만물의 위 높은 곳을 다녀도 두려워하지 않습니다. 여쭈어 보건대, 어찌하여 이런 경지에 이르게 되는 겁니까?」

관윤이 대답했다.

「그것은 순수한 기운을 지키기 때문이다. 지혜와 기교(技巧)와 과감한 용기 같은 것이 아니다. 게 앉거라. 내 네게 얘기해 주마.

무릇 모습과 모양과 소리와 빛깔이 있는 것은 모두가 물건이다. 물건과 물건이 어찌하여 차이가 많겠는가? 무엇으로서 앞섬에 이른다고 할 수가 있겠는가? 그것은 같은 빛깔일 따름인 것이다.

곧 만물은 형체가 없는 것(道)에 의하여 만들어져서 변화하는 바가 없는 것(終)에 머물게 된다. 무릇 이러한 것을 터득하여 그것을 추구하는 사람은 올바름(正)에 이를 수 있을 것이다. 그는 지나치지 않은 법도에 처신하게 되고, 끝없는 자연 변화의 원리에 몸을 두어 만물이 시작되고, 끝나는 영원함에 노닐게 될 것이다. 그의 본성(性)이 통일되고, 그의 기운이 길러지고, 그의 덕을 지니게 되므로서 만물이 만들어진 원리(道)에 통달하게 될 것이다.

이와 같은 사람이라면 그의 천성(天性)은 온전히 지키어지고, 그의 정신엔 빈틈이 없게 될 것이니, 그밖의 것들이 어디로부터 끼어 들어가겠는가?

술 취한 사람이 수레에서 떨어지면 비록 빠른 속력이라 하더라도 죽지 않는다. 뼈마디는 사람들과 같은데도 피해는 사람들과 다른 것이다. 그것은 그의 정신이 온전하여 수레를 타는 것도 알지 못하고 떨어지는 것도 알지 못하기 때문이다. 죽음과 삶의 놀라움과 두려움이 그의 가슴에 스며들지 않는 것이다. 그렇기 때문에 어떤 일을 만나게 되어도 두려워하지 않는 것이다. 술에 의하여 온전하게 된 사람조차도 이와 같거늘 하물며 천성(天性)에 의하여 온전하게 된 사람이야 어떠하겠는가? 성인(聖人)은 하늘에 몸을 담아두기 때문에 만물은 그를 손상시킬 수가 없는 것이다.」

列子問關尹曰, 至人潛行不空, 蹈火不熱, 行乎萬物之上而不慄, 請問何以至於此? 關尹曰, 是純氣之守也. 非智巧果敢之列. 姫, 魚語女.

凡有貌像聲色者, 皆物也. 物與物何以相遠也? 夫奚足以至乎先? 是色而已. 則物之造乎不形, 而止乎無所化. 夫得是而窮之者焉, 得爲正焉. 彼將處乎不深之度, 而藏乎無端之紀, 遊乎萬物之所終始, 壹其性, 養其氣, 含其德, 以通乎物之所造.

夫若是者, 其天守全, 其神無郤, 物奚自入焉? 夫醉者之墜於車也, 雖疾不死. 骨節與人同, 而犯害與人異, 其神全也, 乘亦弗知也, 墜亦弗知也. 死生驚懼, 不入乎其胷, 是故遻物而不慴. 彼得全於酒, 而猶若是, 而況得全於天乎? 聖人藏於天, 故物莫之能傷也.

- 關尹(관윤) : 관령(關令) 윤희(尹喜). 관문을 지키는 책임자여서 뒤에는 일반명사로도 쓰였다. 자는 공도(公度), 그의 저서 9편이 있었다 한다. 「장자(莊子)」 달생편(達生篇)에 비슷한 얘기가 있으니 참조하기 바람.
- 潛行(잠행) : 물속을 헤엄쳐 다니는 것.
- 不空(불공) : 空은 窒(질)의 잘못으로서, 「숨이 막히지 않는

것」.

- 萬物之上(만물지상) : 만물의 위. 높은 곳을 가리킨다.

- 慄(율) : 두려워서 떠는 것.

- 純氣(순기) : 순수한 기운. 마음에 사로잡힌 생각이나 욕망이 들어 있지 않은 것.

- 姬(거) : 居(거)와 통하여, 「거기 있거라」, 「거기 앉거라」의 뜻.

- 魚(어) : 吾(오)의 잘못(張湛說). 나.

- 何以相遠(하이상원) : 어찌 서로 멀겠는가? 만물은 형체와 소리, 빛깔을 지닌 면에서는 서로 아무런 차이 없이 같다는 뜻임.

- 窮之者(궁지자) : 그러한 원리를 추궁하여 도통한 사람.

- 不深(불심) : 深은 浮(음)으로 씀이 옳으며(張湛說), 「지나치지 않는 것」, 「자연에 적합한 것」.

- 無端之紀(무단지기) : 끝없는 자연변화의 원리(紀).

- 萬物之所終始(만물지소종시) : 만물이 끝나고 시작되는 바, 그러나 만물은 무시무종(無始無終)이므로 도(道)의 영원함을 뜻한다.

- 養(양) : 眞(진)으로 된 판본도 있다.

- 含(함) : 품다. 불어나다.

- 物之所造(물지소조) : 만물이 창조된 바, 곧 도(道)를 뜻한다.

- 郤(극) : 틈. 틈이 없음은 완전히 통일되어 있음을 뜻한다.

- 疾(질) : 속도가 빠른 것.

- 遻(오) : 만나다.

- 慴(접) : 두려워하다.

*도에 통달한 지인(至人)은 물건에 의하여 상해를 받지 않는다. 물속에 들어가도 숨막히지 않고 불속에 들어가도 뜨거운 줄 모른다. 그것은 자연의 원리대로 처신하며 도(道)에 통달하여 있기 때문이다. 천성(天性)이 통일되고 정신이 완전한 도에 통한 사람은 만물로서의 사람의 한계를 초월해 있기 때문에 다른 만물이 그의 몸이나 정신에 관여할 수가 없다는 것이다.

「장자(莊子)」달생(達生)편을 아울러 읽으면 더욱 재미 있을 것이다.

5.

열어구(列禦寇)가 백혼무인(伯昏瞀人)을 따라서 활을 쏘았다. 활시위를 팽팽하게 당기고 그의 팔꿈치 위에 한 잔의 물을 갖다 놓은 다음 활올 쏘았는데, 화살촉이 앞에 쏜 화살 꼬리에 겹쳐져서 맞았고 화살이 나가자마자 다시 화살을 매겼다.

이때에 그는 인형(人形)과 같았다.

백혼무인이 말했다.

「이것은 활쏘기의 활쏘기이지 활쏘기 아닌 활쏘기는 아니오. 당신과 함께 높은 산에 올라가 높이 솟은 바위를 밟고서 백길의 심연(深淵:낭떠러지)을 앞에 둔다면 당신은 그대로 쏠 수가 있겠소?」

그리고서 백혼무인은 마침내 높은 산에 올라가 높이 솟은 바위를 밟고서 백길의 심연을 앞에 두게 되었는데, 엉거주춤 뒷걸음질 치며 두 다리는 갈라져 하나는 벼랑 밖으로 내어 놓고서 열어구를 부축하여 나아가도록 하였다. 열어구는 땅에 엎드려 발꿈치가 젖도록 땀을 흘렸다.

백혼무인이 말했다.

「지극한 사람(至人)이란 것은 올라가서는 푸른 하늘을 엿보고, 아래로는 황천(黃泉)으로 스며들어가면서 사방 팔방(四方八方)을 멋대로 다녀도 정신과 기운이 변하지 않는 법이오. 지금 당신은 두려워하면서 눈을 감으려는 뜻을 지니고 있소. 당신은 과녁을 맞추기가 위태로울 것이오!」

列禦寇爲伯昏人射. 引之盈貫, 措杯水其肘上, 發之, 鏑矢復沓, 方矢復寓. 當是時也, 猶象人也.

伯昏瞀人曰, 是射之射, 非不射之射也. 當與汝登高山, 履危石, 臨百仞之淵, 若能射乎?

於是瞀人遂登高山, 履危石, 臨百仞之淵, 背逡巡,

足二分, 垂在外, 揖禦寇而進之. 禦寇伏地, 汗流至
踵. 伯昏瞀人曰, 夫至人者, 上闚青天, 下潛黃泉, 揮
斥八極, 神氣不變. 今汝怵然有恂目之志. 爾於中也
殆矣夫!

- 列禦寇(열어구) : 곧 열자(列子). 열자의 이름이 「禦寇」임을
  의심하는 학자도 있다. 이 대목은 「장자(莊子)」 전자방(田子
  方)편에도 비슷한 기록이 있으니 참조 바람.
- 盈貫(영관) : 화살촉이 활대에 닿도록 시위를 잔뜩 잡아다니
  는 것.
- 揩(조) : 갖다놓다. 두다.
- 肘上(주상) : 시위를 잡아다니는 오른편 팔꿈치 위. 그 위에
  물잔을 올려 놓는다는 것은 활을 쏘는 팔이 움직이지 않음
  을 증명하기 위한 것이다.
- 鏑(적) : 화살촉. 適(적)과 통하여, 아래 「方(방)」자와 대응하
  는 조사로 보는 이도 있다.
- 復沓(복답) : 화살이 겹쳐져서 같은 장소에 들어맞는 것.
- 方矢(방시) : 화살을 쏘자마자.
- 復寓(복우) : 거듭하여 활시위에 화살을 매겼다. 활을 빠르게
  쏘는 것을 형용한 말임.
- 象人(상인) : 인형(人形). 우인(偶人). 꼭두각시.
- 伯昏瞀人(백혼무인) : 앞 천서(天瑞)편에도 보인 열자의 친구.
  그러나 이곳의 기록으로 보아 열자보다 수도(修道)에 앞선

선배인 듯하다.

- 射之射(사지사) : 보통 활쏘기 개념에서 활을 잘 쏘는 것. 곧 세속적인 활쏘기로서 활을 잘 쏘는 것. 따라서 「不射之射」는 보통의 활쏘기 개념을 초월한 정신적인 활쏘기로서 활을 잘 쏘는 것.
- 危石(위석) : 높이 솟은 바위.
- 仞(인) : 길이의 단위. 옛 주척(周尺)으로 일곱 자 또는 여덟 자. 우리 말로는 한 발 정도의 길이이다.
- 背逡巡(배준순) : 뒤로 돌아서서 우물쭈물 나아가는 것.
- 垂在外(수재외) : 한쪽 발이 벼랑 바깥쪽으로 매달려 있는 것.
- 揖(읍) : 손짓하는 것.
- 踵(종) : 발꿈치.
- 闚(규) : 하늘로 올라가 「엿보는 것」.
- 黃泉(황천) : 땅속의 지하수, 땅 아래 세계.
- 揮斥(휘척) : 멋대로 쏘다니는 것.
- 八極(팔극) : 팔방(八方), 사방팔방.
- 怵然(출연) : 두려워하는 모양.
- 恂目(준목) : 두려워서 눈을 감는 것.
- 中也(중야) : 화살로 표적을 맞추는 것.

* 여기에서는 「지극한 사람(至人)」의 「지극함」을 활쏘기에 비유하고 있다. 귀신같이 빠른 속도로 백발백중 표적을 맞추는 귀신 같은 재주도 이것은 세속적인 기술에 지나지 않는다. 지

극한 경지란, 백척간두(百尺竿頭) 위험한 곳에 놓이더라도 평지와 같이 행동할 수 있는 것을 말한다. 따라서 「지극한 사람의 경지」란, 아무리 밖의 환경이나 사정이 바뀌더라도 정신과 마음이 조금도 흔들리지 않는 초연한 지경에 이르러야만 되는 것이다. 그것은 자기가 만물과 혼연히 하나가 되고 자기 마음이 자연과 융합되어 있을 때에만 가능한 것이다. 「장자(莊子)」 전자방(田子方)편을 참조하기 바란다.

6.

범씨(范氏) 집안에 자화(子華)라는 아들이 있었다. 사사로이 부하들을 잘 길러서 온 나라가 그에게 복종하였다. 진(晉)나라 임금에게 총애를 받아 벼슬을 하지 않았지만 삼경(三卿)보다도 우월한 위치에 있었다. 그가 눈으로 특별히 보아주기만 하여도 진나라에서는 그에게 벼슬을 주었고, 그가 입으로 특별히 비난하기만 하여도 진나라에서는 그를 내쳤다. 그의 집에 노니는 사람들은 조정(朝廷)만큼이나 성황을 이루었다.

자화는 그의 협객(俠客)들로 하여금 지혜가 있고 없음을 가지고 서로 공격하고 강하고 약한 힘을 가지고 서로 골려주도록 하였다. 비록 눈앞에서 상하거나 다친다 하더라도 조금도 개의(介意)치 아니하였다. 밤낮으로 종일 이렇게 하므로서 장난하며 즐기어 온 나라 안의 풍습처럼 거의 되어버렸다.

화생(禾生)과 자백(子伯)은 범씨네 상급 손님이었다. 길을 나서서 교외(郊外)를 지나다가 농사짓는 영감 상구개(商丘開)의 집에 머물게 되었다. 밤중에 화생과 자백 두 사람은 서로 자화의 명성과 세도를 이야기하였다. 그는 산사람을 죽게 할 수 있고, 죽을 사람을 살려줄 수도 있으며, 부한 사람을 가난하게 할 수 있고, 가난한 사람을 부하게 해줄 수 있다고 하였다.

상구개는 전부터 굶주림과 헐벗음에 몰리고 있었다. 마침 창 북쪽에 숨어서 이 얘기를 듣고서는 양식을 빌린 다음 삼태기를 짊어지고 자화네 집 문을 찾아갔다. 자화네 집 무리들은 모두가 세족(世族)들이어서 비단옷을 입고 높은 수레를 타며 더딘 걸음으로 먼 산을 바라보며 다니고 있었다.

그들이 상구개를 둘러보니, 나이는 늙고 힘은 약해 보였고, 얼굴은 거므틱틱하고 의관(衣冠)도 챙겨입지 못하고 있었으므로 누구나 그를 업신여겼다. 그리고는 그에게 짓궂게 굴며 거짓말로 속이면서 밀치고 쥐어박고 쓰러뜨리고 때리고 아무 짓이나 멋대로 하였다. 상구개는 언제나 성내는 표정빛을 짓지 않았으므로 여러 사람들은 놀리는 재주가 다하여 골려주는 일에도 지치게 되었다.

마침내는 상구개를 데리고 그들은 함께 높은 누대(樓臺)에 올라가 여러 사람들에게 되는 대로 말하였다.

「누구든 직접 뛰어내리는 사람이 있으면 상으로 백금(百金)을 주겠다.」

여러 사람들이 모두 다투어 나서자 상구개는 정말로 그러는 줄로 생각하였다. 그는 마침내 남먼저 뛰어내렸는데, 몸이 나는 새가 땅 위를 날으는 듯하였으며 살갗이며 뼈에 다친 데가 없었다. 범씨네 무리들은 우연한 일이라 생각하고 그것을 괴상하게 여기지 않았다.

그래서 다시 강물이 굽이치는 깊은 구석을 가리키면서 말했다.

「저 속에 보배로운 구슬이 있는데, 잠수를 하면 얻을 수가 있을 것이다.」

상구개는 다시 그 말대로 잠수하여 들어갔다가 나올 적에는 과연 구슬을 갖고 있었다. 여러 사람들은 비로소 모두 의아하게 생각하였고, 자화는 비로소 고기를 먹고 비단옷을 입는 서열(序列)에 넣어 주었다.

얼마 있다가 범씨네 집 창고에 큰 불이 났다.

자화가 말했다.

「만약 불속으로 들어가 비단을 가져오는 사람이 있다면 꺼내온 물건의 다소에 따라 상을 주겠다.」

상구개는 불속으로 들어갔는데 어려운 빛도 없었고, 불속에 들어가 왔다 갔다 하는데 재도 눈을 가리지 않고 몸도 그을리지 아니하였다.

범씨네 무리들은 그가 도(道)를 터득하고 있다고 생각하고 이에 모두 그에게 사과하며 말했다.

「우리는 선생께서 도를 터득하고 계신 것도 모르고 선생을 속였고, 우리는 선생께서 신인(神人)이심을 알지 못하고 선생을 욕보였습니다. 선생께서는 우리를 어리석다 여기셨을 것입니다. 선생께서는 우리를 귀머거리라 여기셨을 것입니다. 선생께서는 우리를 장님이라 여기셨을 것입니다. 감히 그 도를 여쭈어 보고자 합니다.」

상구개가 대답했다.

「저는 도를 터득한 게 없습니다. 저의 마음으로도 역시 그 까닭을 알지 못하겠습니다. 그러나 여기에서 한 가지 사실을 선생들께 얘기해 보겠습니다. 전에 선생님들 중의 두 손님이 저의 집에 묵은 일이 있는데, 범씨네 권세를 칭송하는 얘기를 들었습니다. 산 사람을 죽게 할 수도 있고, 죽은 사람을 살릴 수도 있으며, 부한 사람을 가난하게 할 수도 있고, 가난한 사람을 부하게 할 수도 있다더군요. 저는 그것을 진실로 여기고 의심하는 마음이 없었습니다. 그래서 먼 길을 마다 않고 찾아왔던 것입니다. 여기에 와서도 선생들의 말들을 모두 사실이라 여겼습니다. 다만 그것을 진실로 믿는 것이 철저하지 못할까 두렵기만 하였고, 그것을 실천하는 데 미흡할까 두렵기만 하여서 몸둘 곳이나 이로움이나 해로움이 있는 것을 알지도 못하고 마음을 통일시켰을 따름입니다. 바깥 물체들이 내게 거스르지 않았던 것은 그와 같았기 때문일 뿐입니다. 지금에야 비로소 선생들이 나를 속였음을 알았으니, 저의 마음속에는 의심하는 생각이 간직되었고 밖으로는 보고 듣는 것을 조심하게 되었습니다. 따라서 옛날에 불에 타지도 않고 물에 빠지지도 않았던 것을 다행으로 여기게 되었습니다. 그렇게 되자 놀란 듯이 몸 안이 뜨거워지고 두려워서 떨리게 되었으니, 물과 불을 어찌 다시 가까이할 수가 있겠습니까?」

이 뒤로부터 범씨네 집 무리들은 길에서 거지나 수의

(獸醫)를 만나더라도 감히 욕뵈이지 아니하고 반드시 수레에서 내리어 그에게 인사를 하게 되었다.

재아(宰我)가 그 얘기를 듣고서, 그것을 공자에게 아뢰었다.

공자가 말했다.

「그대는 알지 못하는가? 무릇 지극한 마음을 갖고 있는 사람은 모든 것을 감동시킬 수가 있으며, 하늘과 땅을 움직이고 귀신을 감동시키어 상하 사방을 멋대로 나돌아도 거슬리는 것이 없는 것이다. 어찌 다만 위험한 곳을 밟고 서고 물과 불에 들어갈 수 있을 뿐이겠느냐? 상구개는 거짓을 믿었는데도 물건은 또한 거슬리지 않았다. 하물며 상대방과 내가 모두 진실된 경우야 어떠하랴? 너희들은 이것을 알아 두어라.」

范氏有子曰, 子華. 善養私名, 擧國服之. 有寵於晉君, 不仕而居三卿之右. 目所偏視, 晉國爵之, 口所偏肥, 晉國黜之. 遊其庭者, 侔於朝.

子華使其俠客, 以智鄙相攻, 彊弱相凌. 雖傷破於前, 不用介意. 終日夜, 以此爲戲樂, 國殆成俗.

禾生子伯, 范氏之上客. 出行經坰外, 宿於田更商

丘開之舍. 中夜, 禾生子伯二人, 相與言子華之名勢. 能使存者亡, 亡者存, 富者貧, 貧者富.

商丘開先窘於飢寒. 潛於牖北聽之, 因假糧荷畚之子華之門. 子華之門徒, 皆世族也, 縞衣乘軒, 緩步闊視.

顧見商丘開, 年老力弱, 面目黧黑, 衣冠不檢, 莫不眳之. 旣而狎侮欺詒, 攩㧙挨抗, 亡所不爲. 商丘開常無慍容, 而諸客之技單, 憊於戲笑.

遂與商丘開俱乘高臺, 於衆中漫言曰, 有能自投下者, 賞百金. 衆皆競應, 商丘開以爲信然. 遂先投下, 形若飛鳥, 揚於地, 骪骨無碬. 范氏之黨以爲偶然, 未詎怪也. 因復指河曲之淫隈曰, 彼中有寶珠, 泳可得也. 商丘開復從而泳之, 旣出, 果得珠焉. 衆眆同疑, 子華眆令豫肉食衣帛之次.

俄而范氏之藏大火. 子華曰, 若能入火取錦者, 從所得多少賞若. 商丘開往, 無難色, 入火往還, 埃不漫, 身不焦. 范氏之黨, 以爲有道, 乃共謝之曰, 吾不知子之有道而誕子, 吾不知子之神人而辱子. 子其愚我也, 子其聾我也, 子其盲我也. 敢問其道.

商丘開曰, 吾亡道. 雖吾之心, 亦不知所以. 雖然,

有一於此, 試與子言之. 曩子二客之宿吾舍也, 聞譽
范氏之勢, 能使存者亡, 亡者存, 富者貧, 貧者富. 吾
誠之無二心, 故不遠而來. 及來, 以子黨之言皆實也.
唯恐誠之之不至, 行之之不及, 不知形體之所措, 利
害之所存也, 心一而已. 物亡迕者, 如斯而已. 今昉
知子黨之誕我, 我内藏猜 慮, 外矜觀聽, 追幸昔日之
不焦溺也. 怛然内熱, 惕然震悸矣, 水火豈復可近
哉?

自此之後, 范氏門徒, 路遇乞兒馬醫, 弗敢辱也,
必下車 而揖之.

宰我聞之, 以告仲尼. 仲尼曰, 汝弗知乎? 夫至信
之人, 可以感物也, 動天地, 感鬼神, 橫六合而無逆
者. 豈但履危險, 入水火而已哉? 商丘開信僞, 物猶
不逆, 況彼我皆誠哉? 小子識之.

- 私名(사명) : 유협(游俠)의 무리(張湛注). 개인의 재주 있는 부
  하들.
- 三卿(삼경) : 주(周)나라 제도에선 사도(司徒), 사마(司馬), 사
  공(司空)을 말하며, 나라의 재상급 벼슬.
- 右(우) : 오른편. 옛날엔 왼편보다 오른편을 존중하여 「높은
  자리」 또는 「윗자리」를 뜻한다.

- 偏視(편시) : 그에게만 치우쳐 특별히 보는 것.
- 偏肥(편비) : 肥는 坒(비)와 통하여 「특별히 훼방하다」, 「특별히 비방하다」.
- 黜(출) : 벼슬자리로부터 내치는 것.
- 侔(모) : 같다. 비등하다.
- 俠客(협객) : 여기서는 그의 문하의 유객(遊客) 또는 식객(食客).
- 智鄙(지비) : 지혜가 있는 것과, 지혜가 낮은 것.
- 相凌(능) : 서로 업신여김. 침능(侵凌). 서로 골려 줌.
- 坰外(경외) : 성 밖의 교외(郊外).
- 田更(전경) : 更은 叟(수)로 씀이 옳으며(張湛說), 「농사짓는 노인」.
- 窘(궁) : 窮(궁)과 통하여, 「궁지에 빠지다.」
- 牖(유) : 창
- 假糧(가량) : 양식을 남에게 꾸는 것.
- 荷畚(하분) : 삼태기를 짊어지는 것.
- 世族(세족) : 문벌이 있는 집안.
- 縞衣(호의) : 흰 비단옷을 입는 것.
- 軒(헌) : 큰 수레.
- 闊視(활시) : 거만한 태도로 주위를 둘러보는 것.
- 鸝(리) : 검은 것.
- 檢(검) : 챙기다. 정돈하다.
- 眲(익) : 얕잡아보다. 멸시하다.
- 狎侮(압모) : 장난치며 골리는 것.

- 欺詒(기태) : 속이는 것.
- 攩拯(당필) : 攩은 밀치는 것, 또는 때리는 것. 拯은 밀어뜨리는 것, 또는 쥐어박는 것(張湛注).
- 挨扰(애침) : 挨는 떠미는 것, 扰은 두드려주는것.
- 慍容(온용) : 성난 얼굴.
- 單(단) : 다하다. 盡(진)의 뜻.
- 憊(비) : 지치다.
- 漫言(만언) : 함부로 책임없는 말을 하는 것.
- 信然(신연) : 정말로 그러한 것.
- 肌骨(기골) : 肌는 肌(기)와 같은 글자로서, 「살갗과 뼈」.
- 礚(훼) : 깨어지다. 다치다.
- 詎(거) : 遽(거)와 통하여, 「갑자기」, 또는 「그것」.
- 河曲(하곡) : 강물이 굽이치는 곳.
- 淫隈(음외) : 깊은 모퉁이.
- 泳(영) : 잠수(潛水)하는 것. 물속을 헤엄치는 것.
- 昉(방) : 비로소.
- 豫(예) : 참여시키다. 끼게 하다.
- 次(차) : 차서(次序). 서열(序列). 차례.
- 俄而(아이) : 갑자기. 조금 있다.
- 埃(애) : 먼지. 여기서는 연기와 재를 가리킴.
- 漫(만) : 가리우다. 방해를 받다.
- 誕(탄) : 속이다.
- 曩(낭) : 전에. 옛날에.
- 誠之(성지) : 그것을 진실로 받아들이다.

- 二心(이심) : 두 가지 마음. 의심하는 것.
- 迕(오) : 거스르다.
- 猜慮(시려) : 의심하는 생각.
- 矜(긍) : 삼가다. 조심하다.
- 怛然(달연) : 놀라는 모양. 갑자기.
- 惕然(척연) : 근심하고 두려워하는 모양.
- 震悸(진계) : 몸과 마음이 떨리는 것.
- 宰我(재아) : 재여(宰予)라고도 부르며, 춘추(春秋)시대 노(魯)나라 사람. 말을 잘하던 공자의 제자 중의 한 사람.
- 橫(횡) : 횡행(橫行)하다. 멋대로 돌아다니다.
- 六合(육합) : 하늘과 땅과 사방(四方).
- 小子(소자) : 제자들을 가리켜 이르는 말.

*지극한 믿음을 지니고 있으면 높은 곳에서 뛰어내려도 다치지 않고 불이나 물에 들어가도 데거나 빠져 죽지 않는다. 그것은 믿음에 의하여 그 사람의 마음이 통일되어 있기 때문이다. 마음만 완전히 통일되면 몸의 한계나 심리적인 동요로부터 완전히 초월할 수 있기 때문이다.

상구개란 사람은 남의 거짓을 진실하게 믿고도 몸의 여러 가지 위해로부터 초월할 수 있었다. 따라서 공자가 지적한 것처럼 진실을 참되게 믿을 수 있다면, 사람은 거의 신인(神人)의 경지에 도달할 수 있다는 것이다.

7.

주(周)나라 선왕(宣王)의 목정(牧正)으로 양앙(梁鴦)이란 역인(役人)이 있었는데, 들새와 들짐승을 잘 길렀다. 집 뜰안에다가 먹이를 뿌려 놓으면 비록 호랑이나 이리거나 매나 독수리의 종류라 하더라도 유순히 길들지 않는 게 없었다.

암놈과 수놈들이 눈앞에서 새끼치고 교미(交尾)하여 무리를 이루었다. 종류가 다른 것들이 섞여 있어도 서로 싸우고 물고 하지 않았다.

임금은 그의 재주가 그의 일생에서 끝날 것을 걱정하여 모구원(毛丘園)으로 하여금 그 재주를 전해 받도록 하였다.

양앙이 말하였다.

「저는 천한 역인(役人)입니다. 당신에게 얘기해 줄만한 무슨 재주가 있겠습니까? 임금님께서 제가 당신에게 재주를 숨긴다고 여기실까 두려우니, 그저 제가 호랑이를 기르는 방법을 한 말씀 드리겠습니다.

무릇 그를 따르면 곧 기뻐하고, 그를 거스리면 곧 성을 내는 것은 바로 혈기(血氣)를 지닌 동물들의 본성입니다. 그러니 기쁨과 성냄을 어찌 함부로 드러내도록 하겠습니까? 모두 거슬림을 범하는 짓입니다. 호랑이를 기르는 사람은 감히 생물을 그에게 주어서는 안됩니다. 그것은 그것을 죽이기 위하여 성을 내기 때문입니다. 감히 온전한 물건도 그에게 주어서는 안됩니다. 그것은 그것을 부수기 위하여 성을 내기 때문입니다. 그의 굶주림과 배부름을 때에 맞게 해주어 그의 성내는 마음을 소통(疏通)시켜야 됩니다.

호랑이와 사람은 종류가 다른 동물이지만 자기를 길러주는 자에게 아첨하며 따릅니다. 그러므로 그가 죽인다는 것은 거스르는 것입니다. 그러니 제 어찌 감히 그것을 거슬러 성나게 만들겠습니까? 또한 그를 따름으로써 기쁘게 만들지도 않습니다. 기쁨이 제자리로 돌아가면 반드시 성이 나고, 성냄이 제자리로 돌아가면 언제나 기뻐하게 되는데, 모두가 알맞지 않는 것입니다.

지금 저의 마음에는 거슬림과 따름이 없습니다. 그래서 새나 짐승들이 나를 보기를, 마치 그들의 친구들처럼 여깁니다. 그러므로 저의 동산에서 노는 것들은 큰 숲과 넓은 연못을 생각하지 않고, 저의 집 뜰에서 잠자는 것들은 깊은 산과 그윽한 골짜기를 바라지 않는 것입니다. 이치가 그렇게 만들어주는 것입니다.」

周宣王之牧正, 有役人梁鴦者, 能養野禽獸. 委食於園庭之内, 雖虎狼鵰鶚之類, 無不柔馴者. 雄雌在前, 孳尾成羣. 異類雜居, 不相搏噬也.

王慮其術終於其身, 令毛丘園傳之. 梁鴦曰, 鴦, 賤役也. 何術以告爾? 懼王之謂隱於爾也, 且一言我養虎之法.

凡順之則喜, 逆之則怒, 此有血氣者之性也. 然喜怒豈妄發哉? 皆逆之所犯也. 夫食虎者, 不敢以生物與之, 爲其殺之之怒也. 不敢以全物與之, 爲其碎之之怒也. 時其飢飽, 達其怒心.

虎之與人異類, 而媚養己者, 順也. 故其殺之, 逆也. 然則吾豈敢逆之使怒哉? 亦不順之使喜也. 夫喜之復也必怒, 怒之復也常喜, 皆不中也.

今吾心無逆順者也, 則鳥獸之視吾, 猶其儕也. 故遊吾園者, 不思高林曠澤, 寢吾庭者, 不願深山幽谷. 理使然也.

- 周宣王(주선왕) : 주(周)나라 열한 번째 임금(B.C. 827~782 재위), 그의 손자 평왕(平王)은 도읍을 동쪽 낙양(洛陽)으로 옮기어 그 이후를 동주(東周)라 부른다.
- 牧正(목정) : 새와 짐승을 기르는 관리의 우두머리(張湛注).

- 役人(역인) : 낮은 관리. 일꾼.
- 委食(위사) : 먹이를 여기저기에 뿌려놓고 기르는 것.
- 鵰鶚(조악) : 매와 독수리 같은 사나운 새들.
- 孶尾(자미) : 孶는 젖을 먹여 기르는 것, 尾는 교미(交尾)하는 것.
- 搏噬(박서) : 서로 치고 물어뜯고 하는 것.
- 毛丘園(모구원) : 園은 圉(어)로 된 판본도 있으며, 역시 짐승을 기르는 관리임.
- 食虎(사호) : 호랑이를 기르는 것.
- 全物(전물) : 머리와 다리가 다 붙은 완전한 물건.
- 達其怒心(달기노심) : 그의 성내는 마음을 소통(疏通)시켜 부드럽게 해주는 것.
- 媚(미) : 아첨하다. 잘 보이다.
- 復(복) : 기쁘거나 성나지 않았던 본래의 상태로 되돌아가는 것.
- 中(중) : 들어맞다. 적합하다.
- 儕(제) : 친구. 같은 무리.
- 曠澤(광택) : 넓은 못.

*도에 이르는 길은 자기의 마음과 감정을 없애는 것이다. 마음과 감정이 없으면 사나운 들짐승이라 하더라도 그의 앞에서는 꼼짝도 못하고 유순해진다. 무심(無心)의 경지가 완전하면 사나운 들짐승뿐만 아니라 높은 절벽이나 깊은 물 또는 뜨거운

불길까지도 그에게 아무런 위해(危害)를 가할 수 없게 된다.

8.

안회(顔回)가 공자에게 물었다.

「제가 일찍이 상심(觴深) 못을 건너는데 뱃사공이 배를 다루기를 귀신처럼 하더군요. 저는 그에게 배 다루는 법을 배울 수가 있겠느냐고 물었습니다. 그의 대답은 다음과 같았습니다. 『배울 수 있습니다. 헤엄칠 줄 아는 사람에게는 가르칠 수 있습니다. 헤엄을 잘 치는 사람은 그 배를 다루는 재주도 압니다. 그리고 잠수하는 사람으로 말하면, 곧 배를 본 일이 없다 하더라도 일어나 배를 다룰 줄 아는 것입니다.』제가 왜 그러냐고 물었습니다만, 얘기해 주지 않았습니다. 감히 어째서 그렇게 말했는가 여쭈어보고자 합니다.」

공자가 말했다.

「아아, 나와 너는 옛글을 만지기를 오래 하였지만 그 실질(實質)에는 도달하지 못하고 있다. 그렇지만 얘기하여 볼까? 헤엄칠 줄 아는 사람은 가르칠 수 있다고 한 것은 물을 가벼이 여기기 때문일 것이다. 헤엄을 잘 치는 사람은 그 재주도 알고 있다고 한 것은 물을 잊기 때문일 것이다. 그런데 잠수하는 사람은 배를 본 일이 없다 하더라도, 곧 일어나 배를 다룰 줄 안다고 한 것은 그는 심연(深淵)을 언덕처럼 알고 배가 뒤집히는 것을 마치 수레가 뒷걸음질치는 것으로 알기 때문일 것이다. 뒤집히고 뒷걸음질 치고 하는 만물이 바로 눈앞에 벌어져 있지만 그의 마음엔 들어오질 않는다. 어디를 간다 하더라도 어찌 여유가 없겠는가? 기왓장을 걸고 놀음을 하면 잘하다가도 은고리(鉤)를 걸고 하면 꺼리게 되고, 황금을 걸고 하면 흐리멍덩하게 된다. 기교(技巧)는 같지만 아까운 것이 있으면 곧 밖의 것을 중히 여기게 되는 것이다. 밖의 것을 중히 여기는 사람은, 안 마음은 졸렬한 것이다.」

顔回問乎仲尼曰, 吾嘗濟乎觴深之淵矣, 津人操舟若神, 吾問焉, 曰, 操舟可學邪? 曰, 可. 能遊者可敎也. 善遊者數能. 乃若夫沒人, 則未嘗見舟, 而謖操之者也. 吾問焉而不告. 敢問何謂也?

仲尼曰, 譆! 吾與若, 玩其文也久矣, 而未達其實, 而固且道與. 能遊者可敎也, 輕水也. 善遊者之數能也, 忘水也. 乃若夫沒人之未嘗見舟也而謖操之也,

彼視淵若陵, 視舟之覆猶其車卻也. 覆卻萬物方陳乎前, 而不得入其舍. 惡往而不暇? 以瓦摳者巧, 以鉤摳者憚, 以黃金摳者惛. 巧 一也, 而有所矜, 則重外也. 凡重外者, 拙內.

- 顔回(안회) : 춘추시대 노(魯)나라 사람. 자가 자연(子淵)이어서 안연(顔淵)이라고도 부른다. 공자의 제자 중에서도 학문과 덕행이 뛰어나 공자의 사랑을 받았으나 젊은 나이에 죽었다.
- 觴深(상심) : 연못의 이름.
- 津人(진인) : 사공.
- 遊(유) : 헤엄치는 것.
- 數(수) : 재주. 術(술)의 뜻.
- 沒人(몰인) : 잠수하는 사람.
- 謖(속) : 일어나다. 「장자(莊子)」 달생(達生)편엔 便(변)으로 되어 있다.
- 譆(의) : 아아. 감탄사.
- 卻(각) : 뒷걸음. 뒤로 물러남.
- 舍(사) : 마음. 마음은 정신이 깃드는 집(舍)이란 뜻에서 마음을 舍로 쓴 것이다(宣穎說).
- 惡(오) : 어찌. 어느 곳.
- 暇(하) : 틈. 여유.
- 摳(구) : 손으로 물건을 더듬어 찾는 것. 여기서는 옛날의 장

구(藏彄)라는 놀음을 하는 것을 뜻한다.

- 鉤(구) : 은이나 동(銅)으로 만든 갈고리.
- 憚(탄) : 꺼리다. 거리끼다.
- 惛(혼) : 혼미(昏迷)해지다. 흐리멍덩해지다.
- 矜(긍) : 아끼다.
- 拱內(공내) : 拙(졸)로 씀이 옳으며(張湛說), 마음이 졸렬한 것.

＊ 잠수에 능한 사람은 배우지 아니하여도 배를 마음대로 다룰 수 있다. 사람의 마음이 온전하면 외부의 여러 가지 조건은 아무런 문제도 되지 않는다. 이와 같은 내용이 「장자(莊子)」달생(達生)편에도 있으니 참조하기 바란다.

9.

공자가 여량(呂梁)을 구경하고 있었다. 폭포는 서른 길이나 되고, 흐르는 물거품은 30리나 뻗쳐 있어 거북이나 악어나 물고기나 자라도 헤엄칠 수가 없는 지경이었다. 한 장정이 그곳에서 헤엄치고 있는 것을 보고서 괴로움이 있어서 죽으려고 하는 사람인 줄 알고서 제자들로 하여금 흐름을 따라 내려가 그를 건져주도록 하였다.

그는 수백 보(步) 거리를 헤엄쳐 내려가서 나와서는 머리를 풀어 헤친 채 노래하며 걸어가서 언덕 아래에서 헤엄치고 있었다.

공자는 그를 따라가서 물었다.

「여량은 폭포의 높이 서른 길이나 되고 흐르는 물거품은 30리에 뻗쳐 있어 거북이와 악어나 물고기나 자라도 헤엄칠 수가 없는 곳입니다. 조금 전에 나는 선생께서 물에 들어가는 것을 보고서 괴로움이 있어 죽으려는 사람인 줄 알고 제자들로 하여금 물결을 따라 내려가 선생을 건져주도록 하였었습니다. 선생은 물에서 나와 머리를 풀어 헤친 채 노래를 하며 걸어갔습니다. 나는 선생을 귀신이 아닌가 했는데, 선생을 살펴보니 곧 사람이었습니다. 여쭙건대 물에 들어가는 데에도 도(道)가 있습니까?」

그가 대답하였다.

「없습니다. 제겐 도가 없습니다. 저는 바탕(故)대로 시작하여 습성으로 자라서 천명(天命)대로 이루어진 것이니 소용돌이와 함께 들어가 용솟음과 더불어 나옵니다. 물의 도를 따르기만 하고 많은 사사로운 생각을 따르지 않습니다. 이것이 제가 물에 들어가는 방법입니다.」

공자가 물었다.

「타고난 바탕에서 시작하여 습성으로 자라나 천명대로 이루어졌다는 것은, 무엇을 말하는 것입니까?」

그가 대답하였다.

「저는 육지에서 나서 육지에서 안심하고 지내는데, 이것이 바탕입니다. 물에서 자라나 물에서 안심하고 지내는데, 이것이 습성입니다. 제가 그렇게 되는 까닭도 모르면서 그렇게 되는 것이 천명입니다.」

孔子觀於呂梁, 懸水三十仞, 流沫三十里, 黿鼉魚鼈之所不能遊也. 見一丈夫遊之, 以爲有苦而欲死者也, 使弟子竝流而承之.

數百步而出, 被髮行歌, 而遊於棠行. 孔子從而問之曰,

呂梁懸水三十仞, 流沫三十里, 黿鼉魚鼈所不能遊. 向吾見子道之, 以爲有苦而欲死者, 使弟子竝流將承子. 子出而被髮行歌, 吾以子爲鬼也, 察子則人也. 請問蹈水有道乎? 曰, 亡. 吾無道. 吾始乎故, 長乎性, 成乎命, 與齎俱入, 與汩偕出. 從水之道, 而不爲私焉. 此吾所以道之也.

孔子曰, 何謂始乎故, 長乎性, 成乎命也? 曰, 吾生於陵, 而安於陵, 故也. 長於水, 而安於水, 性也. 不知吾所以然而然, 命也.

- 呂梁(여량) : 땅 이름. 지금의 강소성(江蘇省) 팽성(彭城)에 있다.
- 懸水(현수) : 폭포(瀑布).
- 沫(말) : 물거품.
- 黿(원) : 큰 자라의 일종. 거북이.
- 鼉(타) : 악어.
- 鱉(별) : 자라.
- 承(승) : 「장자(莊子)」엔 拯(승)으로 되어 있으며, 물에서 건져 올려주는 것.
- 棠行(당행) : 棠(당)은 塘(당)과 통하여 방축・行(행)은 길, 따라서 방축 위의 길.
- 向(향) : 방금 전에.
- 道之(도지) : 道는 蹈(도)로 씀이 옳으며, 「물속으로 들어가는 것」.
- 故(고) : 타고난 바탕, 본래의 바탕.
- 命(명) : 하늘이 내려준 것. 천성(天性).
- 齎(재) : 소용돌이.
- 汩(골) : 용솟음.
- 陵(능) : 언덕. 여기서는 육지를 뜻한다.

＊지인(至人)의 또 한 가지 요건은, 자기의 사사로운 마음을 없애고 천명(天命)에 이르는데 있다. 그것은 곧 자기를 없애고 완전히 자연에 동화됨을 말한다. 그런 사람은 만물에 대하여

거스르는 일이 없기 때문에 아무리 험난한 곳에 몸을 두더라도 외물이 그를 상케 하지 못한다.

이 대목도 「장자(莊子)」 달생(達生)편에 들어 있으니 참조하기 바란다.

10.

공자가 초(楚)나라에 가서 숲속을 나오다가 꼽추가 매미를 잡는 것을 보았는데, 마치 매미를 줍는 것과 같았다.

공자가 말했다.

「당신은 교묘하오. 도(道)가 있는 겁니까?」

그가 대답했다.

「저는 도를 터득하고 있습니다. 오뉴월에 막대기 끝에 공을 두 개 쌓아놓고서 떨어뜨리지 않으면, 곧 실수하는 일이 극히 적게 됩니다. 세 개를 쌓아 놓고서 떨어뜨리지 않는다면, 곧 실수하는 일은 열 번에 한 번 정도가 됩니다. 다섯 개를 쌓아놓고도 떨어뜨리지 않는다면 마치 매미를 줍는 것 같이 될 것입니다. 저의 몸가짐은 마치 그루터기를 세워놓은 것 같고, 저의 팔가짐은 마치 마른 나뭇가지와 같습니다. 비록 하늘과 땅이 크고 만물은 많다고 하지만 다만 매미 날개만을 알 뿐입니다. 저는 몸을 젖히지도 않고 기울이지도 않으며 만물과 매미의 날개를 바꾸지 않는데, 어찌하여 잡지를 못하겠습니까?」

공자는 제자들을 돌아다보면서 말했다.

「뜻을 씀이 산만해지지 않는다면, 곧 귀신처럼 되는 법인데, 그것은 꼽추 영감을 두고 한 말일 거다.」

영감이 말했다.

「당신은 선비의 긴 옷을 입은 사람입니다. 또한 어찌 이런 것을 물을 줄 아십니까? 당신의 근거를 닦고 난 다음에 그 위에 이런 얘기를 하도록 하십시오.」

仲尼適楚, 出於林中, 見痀僂者承蜩, 猶掇之也. 仲尼曰, 子巧乎, 有道邪? 曰, 我有道也. 五六月累丸二而不墜, 則失者錙銖. 累三而不墜, 則失者十一. 累五而不墜, 猶掇之也. 吾處也若橛株駒, 吾執臂若槁木之枝. 雖天地之大, 萬物之多, 而唯蜩翼之知. 吾不反不側, 不以萬物易蜩之翼, 何爲而不得?

孔子顧謂弟子曰, 用志不分, 乃凝於神, 其痀僂丈人之謂乎! 丈人曰, 汝逢衣徒也. 亦何知問是乎? 脩汝所以, 而後載言其上.

- 痀僂(구루) : 꼽추.
- 承蜩(승조) : 긴 막대기 끝에 적당한 물건을 달아가지고 매미를 잡는 것.
- 掇(철) : 줍는 것.
- 五六月(오류월) : 매미가 가장 많은 달임.
- 纍(류) : 累(루)와 통하여,「쌓아 올리는 것」.
- 垸(완) : 丸(환)과 통하여,「공」또는「알」.
- 錙銖(치수) : 무게의 단위. 錙는 6수, 1수는 12분(「淮南子」天文). 모두 극히 작은 무게의 단위이므로, 여기서는「극히 작은 것」또는「극히 미세함」을 뜻한다.
- 十一(십일) : 열에서 하나. 십분의 일. 일할(一割).
- 橛(궐) : 말뚝, 토막나무(說文). 세우다(李頤說).
- 株駒(주구) : 그루터기.
- 執臂(집비) : 팔놀림.
- 不反不側(불반불측) : 몸이 젖혀지지도 않고 기울어지지도 않다, 몸이 꼿꼿함을 뜻한다.
- 凝(응) : 疑(의)로 씀이 옳으며, 疑는 擬(의)와 통하여「비슷하게 되다」,「견줄 만하게 되다」(王叔岷說).
- 逢衣(봉의) : 逢은 大의 뜻으로,「품이 넓고 자락이 긴 옷」, 곧「유복(儒服)」. 공자는 젊어서 노(魯)나라에 있을 때부터 봉의(逢衣)를 입었다(「禮記」儒行篇).
- 汝所以(여소이) : 당신이 근거로 삼는 것, 곧 인의(仁義)를 말한다. 선비라면「인의를 닦은 다음에야 자연의 도(道)를 얘기할 수 있게 된다.」는 뜻임.

*여기서는 매미를 귀신처럼 잡는 꼽추 얘기를 하면서 사람이 뜻을 순수하게 통일하기만 하면 무슨 일에나 귀신처럼 도통(道通)하게 됨을 설명하고 있다. 이처럼 뜻을 통일시키는 것도 지극한 사람(至人)의 한 가지 요건이 되는 것이다.

　이 대목도 「장자(莊子)」 달생(達生)편에 실려 있으니 참조하기 바란다.

　11.

　바닷가에 사는 사람 중에 갈매기를 좋아하는 사람이 있었다. 매일 아침 바닷가로 나가서 갈매기들과 더불어 놀았는데, 놀러 오는 갈매기들이 백 마리도 넘었다.

　어느 날 그의 아버지가 말했다.

　「내가 듣건대, 갈매기들이 모두 너와 더불어 논다더구나. 너 좀 잡아오너라. 내 그걸 갖고 장난하고 싶으니.」

　그 다음날 바닷가를 나가 보니 갈매기들은 맴돌며 날면서도 내려오지 않았다.

　그러므로 「지극한 말이란 말함을 떠나는 것이고, 지극한 행위란 일부러 행동하지않는 것이다. 보통 지혜 있다는 사람들이 안다는 것은 곧 천박한 것이다.」고 말하는 것이다.

海上之人, 有好漚鳥者. 每旦之海上, 從漚鳥遊, 漚鳥之至者, 百住而不止. 其父曰, 吾聞漚鳥皆從汝遊. 汝取來, 吾玩之. 明日之海上, 漚鳥舞而不下也.

故曰, 至言去言, 至爲無爲. 齊智之所知, 則淺矣.

- 海上(해상) : 바닷가.
- 漚鳥(구조) : 漚는 鷗(구)와 통하여, 「갈매기」.
- 住(주) : 數(수)와 통하는 글자.
- 齊智(제지) : 보통 사회에서 지혜 있다는 사람.

*끝부분에서 얘기한 것처럼 지극한 사람(至人)의 또 한 가지 조건은 무언(無言) 무위(無爲)해야 한다. 사람이 아무런 말도 없고 아무런 뜻도 없다면, 곧 자연에 융화될 수가 있는 것이다. 갈매기 같은 새들도 아무런 욕망이나 뜻 없이 대하기만 하면 함께 어울리어 놀아주게 된다. 그러나 일단 갈매기를 건드리려는 뜻을 갖기만 하여도 갈매기들은 그 사람을 가까이하지 않는 것이다.

12.

조양자(趙襄子)가 십만의 무리를 이끌고 중산(中山)으로 사냥을 나갔다. 풀을 쓰러뜨리며 숲을 불태워 타오르는 불길이 백 리까지 뻗쳤다.

이때 한 사람이 절벽 석굴(石窟) 가운데에서 나와 연기
와 불꽃을 따라 오르내렸다. 여러 사람들은 귀신인 줄 알
았다. 불길이 지나가자 서서히 걸어나왔는데 아무 일도
겪지 않은 사람 같았다.

양자는 괴상하게 여기면서 그를 머물게 하고는 천천
히 그를 살펴보았다. 모습이나 혈색과 이목구비도 사람
이었고, 기색이나 목소리도 사람이었다. 그에게 무슨 도
(道)가 있어서 석굴 속에서 지내고 있으며, 무슨 도가 있
기에 불에 들어갔었느냐고 물었다.

그 사람은 말했다.

「어떤 물건을 바위라고 말하고, 어떤 물건을 불이라고
말하는 것입니까?」

양자가 대답했다.

「당신이 조금 전에 나온 곳이 바위이고, 당신이 조금
전에 지나온 것이 불이오.」

그 사람은 말했다.

「저는 모르겠습니다.」

위(魏)나라 문후(文侯)가 그 얘기를 듣고서 자하(子夏)
에게 물었다.

「그 사람은 어떤 사람일까요?」

자하가 말했다.

「공자님 말씀에 의하면, 화합하는 것은 만물과 대동(大同)하게 되어 만물은 그를 상케 하거나 방해할 수가 없게 됩니다. 쇠나 돌 속을 들어가고, 물이나 불속으로 들어가도 괜찮습니다.」

문후가 말했다.

「선생님은 어찌하여 그렇게 하시지 않습니까?」

자하가 대답했다.

「마음을 도려내고 지혜를 버리는 일은 저로서는 아직 할 수가 없습니다. 그렇지만 틈이 있으면 그것을 논하도록 해보겠습니다.」

문후가 말했다.

「공자님께서는 어찌하여 그렇게 하시지 않으셨을까요?」

자하가 말했다.

「공자님께서는 그것으로 하실 수 있으시면서도 그것을 하시지 않을 줄도 아는 분이셨습니다.」

문후는 크게 기뻐하였다.

趙襄子率徒十萬, 狩於中山, 藉芿燔林, 扇赫百里.

有一人, 從石壁中出, 隨煙燼上下, 眾謂鬼物. 火過, 徐行而出, 若無所經涉者.

襄子怪而留之, 徐而察之, 形色七竅, 人也, 氣色音聲, 人也. 問奚道而處石, 奚道而入火? 其人曰, 奚物而謂石, 奚物而謂火? 襄子曰, 而嚮之所出者, 石也, 而嚮之所涉者, 火也. 其人曰, 不知也.

魏文侯聞之, 問子夏曰, 彼何人哉? 子夏曰, 以商所聞夫子之言, 和者大同於物, 物無得傷閡者. 遊金石, 蹈水火, 皆可也. 文侯曰, 吾子奚不爲之? 子夏曰, 刳心去智, 商未之能. 雖然, 試語之有暇矣. 文侯曰, 夫子奚不爲之? 子夏曰, 夫子能之而能不爲者也. 文侯大說.

- 趙襄子(조양자) : 춘추시대 진(晋)나라의 조무휼(趙無恤). 趙鞅(조앙)의 작은아들이었으나 형 백로(伯魯)보다 어질다 하여 뒤에 태자(太子)가 되었음. 이름을 무휼(毋邺)로도 쓰며, 襄子는 그의 시호(諡號)이다.
- 狩(수) : 불을 놓아 짐승을 몰며 사냥하는 것.
- 中山(중산) : 지금의 섬서성(陝西省) 경양(逕陽), 순화(淳化) 두 현(縣) 경계에 있는 산 이름.
- 藉(자) : 깔다. 쓰러뜨리다.

- 芿(잉) : 깎지 않은 마른 풀(張湛注).
- 燔(번) : 불사르다.
- 扇赫(선혁) : 扇은 煽(선)과 통하여,「불길이 타오르는 것」.
- 煙燼(연진) : 연기와 불똥.
- 經涉(경섭) : 겪다. 불이나 물을 거쳐 건너오다.
- 七竅(칠규) : 사람의 겉모양에 뚫린「일곱 가지 구멍」, 곧 귀와 눈과 코와 입.
- 而(이) : 너. 그대.
- 嚮(향) : 조금 전. 바로 전에.
- 子夏(자하) : 춘추시대 위(衛)나라 사람. 성은 복(卜), 이름은 상(商). 공자의 제자로서 학문과 시에 뛰어났었으며, 공자가 죽은 뒤에 위(魏)나라 문후(文侯)가 그를 스승으로 섬겼다.
- 商(상) : 자하의 이름.
- 夫子(부자) : 선생님. 여기서는 공자를 가리킨다.
- 和(화) : 사사로운 마음 없이 만물과 화합하는 것.
- 大同(대동) : 도(道)에 의하여, 크게 화동(和同)하는 것.
- 傷閡(상애) : 몸이 상하거나 행동에 장애를 받는 것.
- 刳心(고심) : 마음을 도려내다, 곧 사사로운 마음을 버리는 것.
- 暇(하) : 틈, 여가(餘暇).
- 說(열) : 기뻐하다.

* 자기의 마음도 없고 사사로운 욕심도 없는 사람은 만물에 완전히 동화(同化)되어 만물이 그를 상케 하거나 그의 행동을

가로막지 않는다는 것이다. 계속하여 지극한 사람(至人)의 조건으로서 자기의 마음 또는 자기를 버리고 자연에 융화할 것을 주장한다.

13.

한 귀신 같은 무당이 제(齊)나라에서 정(鄭)나라로 와서 살았는데, 이름을 계함(季咸)이라 하였다. 사람들이 죽고 사는 것과, 흥하고 망하는 것과, 화를 당하고 복을 받는 것과, 오래 살고 일찍 죽는 것을 몇 년 몇 월 몇 순(旬) 며칠이란 기일까지 귀신처럼 알아내었다. 정(鄭)나라 사람들은 그를 보기만 하면 모두 피하여 달아났다.

열자는 그를 보고서 심취(心醉)하여 돌아가 그 얘기를 스승 호구자(壺丘子)에게 하면서 말했다.

「처음엔 저는 선생님의 도를 지극한 것으로 알았었는데, 또 지극한 것이 있더군요.」

호구자가 말했다.

「나와 너는 그 형식을 부정하였었다. 그 사실을 다하지도 못하고 실로 도를 터득할 수 있단 말인가? 암컷이 많다 하더라도 수컷이 없다면 또한 어떻게 알을 낳겠는가? 그러나 도를 가지고 세상과 겨루면 반드시 믿어지게 되겠지! 그러므로 사람으로 하여금 네게 관상을 보도록 해주마. 시험 삼아 그를 데리고 와서 나를 그에게 보여보자.」

다음날 열자는 그와 함께 호구자를 뵈었다.

그는 나오면서 열자에게 말했다.

「아아, 당신의 선생님은 죽을 것이오! 살지 못하겠소. 열흘 정도도 못 살 것이오. 나는 괴상한 것을 보았소. 물에 젖은 재를 본 것이오.」

열자는 들어가 옷깃이 젖도록 눈물을 흘리면서 그 애기를 호구자에게 아뢰었다.

호구자가 말했다.

「방금 전에 나는 그에게 땅의 무늬(地文)의 상을 보여주었지. 꼼짝 없이 움직이지도 않고 머물지도 않는 것이다. 그는 아마 나의 덕(德)의 빌미가 막혀 있는 것을 보았을 것이야. 시험 삼아 또 데려와 보거라!」

다음날 다시 그와 더불어 호구자를 찾아뵈었다.

나오면서 그는 열자에게 말했다.

「다행이오! 당신 선생님은 나를 만나자 병이 나았소. 활짝 생기가 솟았소. 나는 막혔던 게 열리는 것을 보았소.」

열자가 들어가서 호구자에게 아뢰자, 호구자가 말했다.

「방금 전에 나는 그에게 하늘과 땅의 상을 보여주었지. 명분과 사실도 개입되지 못하지만 생기가 발뒤꿈치로부터 발하는 것이지. 이것이 막혔던 게 열리는 것이다. 그는 아마 나의 좋은 것의 빌미를 보았었을 게야. 시험삼아 다시 데려오너라!」

다음날 다시 그와 더불어 호구자를 뵈었다.

나오면서 그는 열자에게 말했다.

「당신 선생님은 앉아 계시지만 고르지를 않아서 나는 관상을 보아드릴 수가 없었소. 고르도록 하시면 다시 관상을 보아드리도록 하지요.」

열자가 들어가 호구자에게 사실을 아뢰자, 호구자는 말하였다.

「방금 전에 나는 그에게 태허(太虛)의 아무 조심도 없는 상을 보여주었어. 그는 아마 나의 평형된 기운의 빌미를 보았을 거야. 맴도는 물이 모여 못이 되고, 멎은 물이 모여 못이 되고, 흐르는 물이 모여 못이 되고, 솟아오르는 물이 모여 못이 되고, 위로부터 떨어지는 물이 모여 못이 되고, 스며나오는 물이 모여 못이 되고, 합쳐지는 물길이 모여 못이 되고, 흘러가는 물길이 모여 못이 되고, 여러 갈래 물길이 모여 못이 되는데, 이것을 아홉 가지 못이라 하는 것이다. 시험 삼아 다시 데려오너라!」

다음날 다시 그와 더불어 호구자를 찾아뵈었다. 섰다가 자리에 앉기도 전에 그는 스스로 실색(失色)하면서 달아났다.

호구자가 말했다.

「그를 뒤좇아라!」

열자는 그를 뒤좇았으나 따르지 못하고 되돌아와 호구자에게 아뢰었다.

「이미 없어졌습니다. 이미 보이지 않게 되었습니다. 저는 따라갈 수가 없었습니다.」

호구자가 말했다.

「방금 전에 나는 그에게 나의 조종(祖宗)으로부터 아직 나오지도 않았던 때의 상을 보여주었지. 나는 그와 더불어 텅 비어서 되어가는 대로 움직여서 그가 누구인지도 알지 못하게 하였지. 그래서 형체가 없는 것으로도 여겨졌고, 물결이 흐르는 것으로도 여겨졌던 게야. 그래서 도망을 친 거지.」

그런 뒤에야 열자는 스스로 학문을 시작하기도 전에

집으로 돌아왔다고 여기게 되었다. 그는 3년 동안 집을 나가지 않고 밥을 지어 주고 돼지를 먹이기를 사람을 양육하듯 하였다. 일에 있어서 친함이 없었고, 새기고 쪼은 무늬로부터 질박(質朴)함으로 되돌아왔다. 우뚝 홀로 그의 형체를 갖고 서서 굉장히 위대하여졌다. 한결같이 이렇게 끝까지 지냈다.

有神巫, 自齊來處於鄭, 命曰季咸. 知人死生存亡禍福壽夭, 期以歲月旬日如神. 鄭人見之, 皆避而走. 列子見之而心醉, 而歸以告壺丘子曰, 始吾以夫子之道爲至矣, 則又有至焉者矣. 壺子曰, 吾與汝無其文. 未旣其實, 而固得道與? 衆雌而無雄, 而又奚卵焉? 而以道與世抗, 必信矣夫! 故使人得而相汝. 嘗試與來, 以予示之.

明日, 列子與之見壺子. 出而謂列子曰, 譆! 子之先生死矣. 弗活矣. 不可以旬數矣. 吾見怪焉, 見溼灰焉. 列子入, 涕泣沾衿以告壺子, 壺子曰, 向吾示之以地文, 罪乎不誫不止, 是殆見吾杜德幾也. 嘗又與來!

明日, 又與之見壺子. 出而謂列子曰, 幸矣!子之先

生遇我也, 有瘳矣. 灰然有生矣. 吾見杜權矣, 列子
入告壺子, 壺子曰, 向吾示之以天壤, 名實不入, 而
機發於踵, 此爲杜權, 是殆見吾善者幾也. 嘗又與來!

明日, 又與之見壺子. 出而謂列子曰, 子之先生,
坐不齋, 吾無得而相焉. 試齋, 將且復相之. 列子入
告壺子, 壺子曰, 向吾示之以太冲莫朕, 是殆見吾衡
氣幾也. 鯢旋之潘爲淵, 止水之潘爲淵, 流水之潘爲
淵, 濫水之潘爲淵, 沃水之潘爲淵, 汍水之潘爲淵,
雍水之潘爲淵, 汧水之潘爲淵, 肥水之潘爲淵, 是爲
九淵焉. 嘗又與來!

明日, 又與之見壺子. 立未定, 自失而走. 壺子曰,
追之! 列子追之而不及, 反以報壺子曰, 已滅矣, 已
失矣, 吾不及也. 壺子曰, 向吾示之以未始出吾宗,
吾與之虛而猗移, 不知其誰何. 因以爲茅靡, 因以爲
波流, 故逃也.

然後, 列子自以爲未始學而歸. 三年不出, 爲其妻
爨, 食豨如食人, 於事無親, 雕琢復朴, 塊然獨以其
形立, 忿然而封戎, 壹以是終.

• 神巫(신무) : 귀신처럼 사람들의 관상을 잘 보는 무당 또는

관상쟁이.

- 命(명) : 이름을 붙임.
- 壺丘子(호구자) : 열자의 스승.
- 無其文(무기문) : 그 무늬를 없는 것으로 하다. 학문의 형식을 무시하다.
- 旣其實(기기실) : 그 사실을 다하다, 곧 학문의 내용을 이미 다 터득하다.
- 抗(항) : 맞서다. 다투다. 겨루다.
- 嘗試(상시) : 시험 삼아.
- 譆(희) : 감탄사. 아아!
- 旬數(순수) : 일순을 세다. 열흘을 넘기다.
- 溼灰(습회) : 젖은 재. 생기가 없는 것에 비유한 것임.
- 涕泣(체읍) : 눈물을 흘리면서 우는 것.
- 沾衿(첨금) : 衿은 襟(금)과 통하여, 「옷깃을 적시다」.
- 向(향) : 방금. 조금 전에.
- 地文(지문) : 땅 무늬. 흙덩이처럼 생명이 없는 듯한 것.
- 罪乎(죄호) : 萌乎(맹호)로 씀이 옳으며(「莊子」 應帝王), 지각 (知覺)없이 움직이지 않는 모양.
- 誫(진) : 震(진)과 통하는 자로서, 「움직이는것」.
- 杜(두) : 막히다.
- 德幾(덕기) : 덕의 빌미, 곧 생동(生動)하는 기틀을 가리킨다.
- 瘳(추) : 병이 낫는 것.
- 灰然(회연) : 灰는 恢(회)와 통하여, 「회복되는 모양」.
- 杜權(두권) : 막혔던 게 변화를 일으키며 트이는 것.

- 天壤(천양) : 하늘과 땅. 음(陰) 가운데 양(陽)이 생동하는 것을 상징한다.

- 名實不入(명실불입) : 명분이나 사실이 개입되지 못한다. 곧 이렇다 하고 지적할 만한 게 없음을 뜻한다.

- 機(기) : 기틀. 생기(生機).

- 踵(종) : 발꿈치. 가장 아래 쪽에서 생기가 솟아나기 시작함을 뜻한다.

- 齋(재) : 齊(제)와 통하여, 「고르다」의 뜻. 不齋(부재)는 인상(人相)이 일정하지 않고 부정(不定)함을 뜻한다.

- 太沖(태충) : 태허(太虛). 지극히 텅 비고도 조화된 상태.

- 莫朕(막짐) : 조짐(兆朕)을 알 수 없는 것.

- 衡氣(형기) : 평형(平衡)을 이루고 있는 기운.

- 鯢旋(예선) : 큰 고기가 맴도는 것. 큰 물이 맴도는 것.

- 潘(번) : 물이 모여드는 것. 소용돌이 치다.

- 濫水(함수) : 용솟음치는 물.

- 沃水(옥수) : 샘물이 위로부터 아래로 떨어져 고이는 것(張湛說).

- 氿水(궤수) : 샘 곁에서 스며나오는 물(張湛說).

- 雍水(옹수) : 강물이 갈라졌다가 다시 합쳐지는 것(張湛說).

- 汧水(견수) : 물이 흘러가 고이는 것(張湛說).

- 肥水(비수) : 물이 나온 곳이 다른 여러 갈래의 물이 흘러와 합쳐지는 것.

- 九淵(구연) : 아홉 가지 못. 똑같은 물이지만, 여러 가지 변화를 일으켰다가 다시 큰 못이 되듯 사람의 상(相)도 일정하지

않은 것임을 비유한 것이다.

- 未始出吾宗(미시출오종) : 나의 근원으로부터 아직껏 나오지도 않은 상태, 곧 태초(太初)의 무(無)의 상태를 뜻한다.
- 猗移(의이) : 자연의 상태대로 변화하여 가는 것.
- 茅靡(모미) : 茅는 頹(퇴)와 통하여, 「되어 가는 대로 움직여 가는 것」(孫志祖說).
- 爨(찬) : 불을 때어 밥을 짓는 것.
- 食狶(사희) : 돼지를 먹이는 것.
- 無親(무친) : 특히 친히 관심을 두는 게 없는 것.
- 雕琢(조탁) : 칼로 새기고 징으로 쪼고 하여 인공(人工)의 무늬를 새기는 것. 여기서는 인위적인 것을 뜻한다.
- 復朴(복박) : 소박(素朴)함으로 되돌아가다.
- 塊然(괴연) : 흙덩이 같은 모양.
- 忿然(분연) : 紛然(분연)과 통하여, 어지러운 모양.
- 封戎(봉융) : 큰 것. 위대한 것. 封・戎 모두 大의 뜻이 있다.(「詩經」毛傳,「爾雅」)

  *사람의 수양은 형식보다도 내용이 더 중요하다. 유명한 관상가(觀相家) 계함(季咸)과 호구자(壺丘子)의 대결을 통하여 지극한 사람의 상(相)은 무(無)임을 알 수 있었을 것이다. 무의 상을 지닌 호구자를 보고 마침내 계함은 꽁무니를 빼어 도망을 치고 말았던 것이다. 「장자(莊子)」는 응제왕(應帝王)편에도 이와 같은 내용의 글이 있으니 참조하기 바란다.

14.

열자가 제(齊)나라를 가다가 중도에서 되돌아와 백혼무인(伯昏瞀人)을 만났다.

백혼무인이 말했다.

「무슨 일로 되돌아왔소?」

그는 대답했다.

「나는 놀랬습니다.」

「어째서 놀랬소?」

「내가 십장(十漿)에서 밥을 사먹으려는데 오장(五漿)에서 먼저 보내주었었습니다.」

백혼무인이 물었다.

「그렇다면 당신은 무엇 때문에 놀랬다는 거요?」

그가 대답했다.

「마음속의 정성이 풀리지 않았는데 형체로 새어 빛을 이룸으로써 밖으로 사람들의 마음을 진압시킨 것입니다. 사람들로 하여금 노인을 존경하는 일을 가벼이 하게 하여 자기의 환난을 기르도록 할 것 같습니다. 장국집이란 다만 밥과 국 같은 물건을 만들어 팔므로 많이 남는 것도 없으며, 내가 이익이 될 것도 거의 없고 권위도 가볍기 짝이 없는 데도 이와 같았습니다. 그런데 하물며 만승(萬

乘)의 임금으로서 나라를 위하여 몸을 수고롭히는데도 일을 처리함에 지혜가 다한 이야 어떠하겠습니까? 그는 나에게 일을 맡기고 나에게 공을 드러내도록 할 것입니다. 나는 그 때문에 놀란 것입니다.」

백혼무인이 말했다.

「훌륭한 관찰이로다! 당신은 가 있으시오. 사람들이 당신을 따를 것이오.」

얼마 안 있다가 그가 열자에게 가보니 문 밖에 신이 가득히 있었다. 백혼무인은 북쪽을 향해 서서 지팡이를 세워 그것으로 턱을 고이고 있다가 서있은 지 얼마 만에 말없이 나가 버렸다. 문지기가 그것을 열자에게 알렸다. 열자는 신을 들고 맨발로 달려가 그의 집 문에 다다랐다.

그는 물었다.

「선생께서 이미 보셨거늘 어찌 약을 주시지 않는단 말입니까?」

그는 대답했다.

「이미 주었잖소. 내 본시 당신에게 말하기를, 사람들이 당신을 따를 것이라 하였는데 과연 당신을 따르고 있소. 당신이 사람들로 하여금 당신을 따르도록 할 수 있었던 게 아니라, 당신이 사람들로 하여금 당신을 따르지 말도록 할 수가 없었던 것이오. 당신이 무엇으로써 감동시킬 수가 있겠소? 감동되기 전에 미리 모두 달리 나오는 것이지만, 그래도 반드시 감동됨이 있도록 하려 한다면 당신 자신의 몸을 움직여야 함은 다시 말할 필요도 없소. 당신과 더불어 노는 사람들도 당신에게 그것을 얘기하지 않을 것이오. 저 작은 말을 하는 것들은 모두가 사람에게 해독이 되오. 느끼지도 않고 깨닫지도 않는데, 어찌 서로 일을 이룩할 수가 있겠소?」

子列子之齊, 中道而反, 遇伯昏瞀人. 伯昏瞀人曰, 奚方而反? 曰, 吾驚焉. 惡乎驚? 吾食於十漿, 而五漿先饋. 伯昏瞀人曰, 若是則汝何爲驚已?曰, 夫內誠不解, 形諜成光, 以外鎭人心. 使人輕乎貴老, 而整其所患. 夫漿人特爲食羹之貨, 無多餘之贏, 其爲利也薄, 其爲權也輕, 而猶若是. 而況萬乘之主, 身勞於國, 而智盡於事? 彼將任我以事, 而效我以功. 吾是以驚. 伯昏瞀人曰, 善哉, 觀乎! 汝處己, 人將保汝矣.

無幾何而往, 則戶外之屨滿矣. 伯昏瞀人北面而立, 敦杖蹙之乎頤, 立有間, 不言而出. 賓者以告列

子, 列于提屨 徒跣而走, 暨乎門. 問曰, 先生旣來,
曾不廢藥乎? 曰, 已矣. 吾固告汝曰, 人將保汝. 果保
汝矣. 非汝能使人保汝, 而汝不能使人無汝保也. 而
焉用之感也? 感豫出異, 且必有感也, 搖而本身, 又
無謂也. 與汝遊者, 莫汝告也. 彼所小言, 盡人毒也.
莫覺莫悟, 何相孰也?

- 奚方(해방) : 무슨 일로. 어째서.
- 惡乎(오호) : 어찌하여.
- 十漿(십장) : 뒤의 五漿과 함께 장국밥을 파는 집(張湛說). 따라서 열 번째 장국밥집.
- 饋(궤) : 먹이다. 먹을 것을 보내다. 열자를 존경하여 앞을 다투어 먼저 음식을 보내온 것이다.
- 內誠不解(내성불해) : 마음속의 정성이 풀리지 않음. 마음속의 자기 생각을 드러내 보이지 않는 것.
- 形諜(형첩) : 諜은 渫(설)의 가차자(假借字)로서(孫詒讓說), 형체로 새어나오다. 몸 밖으로 스며나오다.
- 成光(성광) : 빛과 같은 위엄을 이루다.
- 鼜(제) : 술이 익듯 저절로 되는 것(羅勉道說, 略據).
- 贏(영) : 남은 것. 여유.
- 萬乘(만승) : 만 대의 수레. 옛날 천자는 만승, 제후는 천승이었다.
- 保(보) : 附(부)와 통하여, 「붙다」, 「따르다」.

- 履(구) : 신. 신발.
- 北面(북면) : 집은 모두 남향(南向)이므로, 북쪽을 향한다는 것은 집을 앞에 둔 것을 뜻한다.
- 敦杖(돈장) : 지팡이를 세우는 것.
- 櫜之乎頤(축지호이) : 그것을 가지고 턱을 고이다.
- 賓者(빈자) : 賓은 儐(빈)과 통하여, 문 앞에서 손님을 안내하는 사람.
- 提履(제리) : 신을 드는 것.
- 徒跣(도선) : 맨발.
- 曁(기) : 이르다. 모셔오다.
- 廢(폐) : 놓아두는 것(張湛說). 주는 것.
- 藥(약) : 훌륭한 말, 또는 교훈이 되는 말에 비유한 것이다.
- 搖(요) : 흔들다. 움직이다.
- 本身(본신) : 자기 자신의 몸.
- 孰(숙) : 익게 하다. 이룩하다.

＊이 얘기는 「장자(莊子)」 열어구(列禦寇)편에도 나온다. 자기의 훌륭함을 겉으로 드러내어 남의 존경이나 신임을 받는다는 것은 아직 도(道)를 터득하지 못했기 때문이다. 자기의 마음이나 욕망을 버리고 나면 남들이 그를 알고 따르거나 존경할 수도 없게 된다. 지극히 위대한 사람은 공연한 일로 남과의 어떤 관계가 이룩되지 않는 것이다.

15.

양주(楊朱)가 남쪽 패(沛)땅에 갔을때 노담(老耼)은 서쪽 진(秦)나라로 놀러 왔었다. 교외(郊外)로 초청하였으나 양(梁)나라에 가서야 노자(老子)를 만났다.

노자가 중도에서 하늘을 우러러 탄식하면서 말했다.

「처음에는 그대를 가르칠 수 있다고 생각했었는데, 이제 보니 가르칠 수가 없어.」

양주는 대답을 하지 않았다.

객사(客舍)로 돌아가 세수하고 양치질한 뒤 건을 고쳐 쓰고 머리를 빗은 다음 다시 신을 문 밖에 벗어놓고 무릎으로 기어나오면서 말했다.

「조금 전에 선생님께서는 하늘을 우러러 탄식하시면서 처음에는 그대를 가르칠 수 있다고 생각하였으나 이제 보니 가르칠 수가 없어, 하고 말씀하셨습니다. 저는 여쭈어 보고자 하였으나 선생님은 틈을 주지 않고 떠나가시어서 감히 여쭙지를 못하였습니다. 지금은 선생님께서 한가하시니 그렇게 된 잘못을 여쭈어보고자 합니다.」

노자가 대답했다.

「그대는 멋대로 날뛰고 있으니, 누가 그대와 더불어 지내겠는가? 크게 흰 것은 검은 듯이 보이고, 성(盛)한 덕은 부족한 듯이 보이는 것이야.」

양자는 죄송스러운 듯 얼굴빛을 달리하면서 말했다.

「삼가 가르침을 받들겠습니다.」

그가 갈 때만 해도 객사에 든 사람들이 마중하고 전송하며, 객사 주인이 자리 시중을 하고 그의 처는 망건과 빗질 시중을 하였으며, 객사에 든 사람들은 자리를 비켜주었고 불을 쬐던 사람들도 아궁이에서 물러섰다. 그러나 그가 돌아오자 객사에 든 사람들이 그와 더불어 자리를 다투게 되었다.

楊朱南之沛, 老耼西遊於秦. 邀於郊, 至梁而遇老
子.

老子中道仰天而歎曰, 始以汝爲可敎, 今不可敎
也. 楊朱不答.

至舍, 進涫漱巾櫛, 脫履戶外, 膝行而前曰, 向者
夫子仰天而歎曰, 始以汝爲可敎, 今不可敎, 弟子欲
請, 夫子辭行不閒, 是以不敢. 今夫子閒矣, 請問其
過.

老子曰, 而睢睢而盱盱, 而誰與居? 大白若辱, 盛
德若不足. 楊朱蹴然變容曰, 敬聞命矣.

其往也, 舍者迎將, 家公執席, 妻執巾櫛, 舍者避席, 煬者避竈. 其反也, 舍者與之爭席矣.

- 楊朱(양주) : 전국(戰國)시대 위(衛)나라 사람. 그는 「자기 몸의 터럭 한 개를 뽑으면 온 천하가 이롭게 된대도 그러지 않는다.」는 극도의 개인주의를 주장하여 묵자(墨子)의 「겸애(兼愛)」와 대조를 이뤘다.
- 沛(패) : 지금의 강소성(江蘇省)에 있는 고을 이름.
- 老聃(노담) : 도가(道家)의 창시자인 노자(老子)의 이름. 노자와 양주는 시대 차이가 너무 나서 실제로 두 사람이 만났을 가능성은 희박하다(張湛說).
- 邀(요) : 맞이하다. 부르다.
- 舍(사) : 객사(客舍). 여관.
- 盥漱(관수) : 盥은 盥(관)과 통하여, 「세수하고 양치질하는 것」.
- 巾櫛(건즐) : 두건을 고쳐 쓰고 머리에 빗질을 하는 것.
- 過(과) : 과오. 잘못.
- 睢睢(휴휴) : 눈을 부릅뜨는 모양(仰目).
- 盱盱(우우) : 눈을 크게 뜨는 모양(張目). 睢睢와 함께 남을 우습게 여기며, 멋대로 행동하는 것을 눈모양으로 형용한 말임.
- 辱(욕) : 흰 것을 검게 물들인 것(「儀禮」 士昏禮 鄭注).
- 蹴然(축연) : 송구스러운 모양.
- 舍者(사자) : 객사에 든 다른 사람들(兪樾說).
- 迎將(영장) : 마중하고 전송하고 하는 것.

- 家公(가공) : 객사 주인.
- 煬者(양자) : 불을 쬐던 사람들(張湛說).
- 竈(조) : 아궁이.「회남자(淮南子)」에「가난한 사람들은 아궁이의 불을 쬐었다.」하였다.

* 사람이 너무 잘난 듯하거나 너무 아는 게 많은 듯하면, 다른 사람들이 접근할 때 매우 조심한다. 잘못하다가는 그에게 혼날까 두렵기 때문인 것이다. 그러나 자아(自我)를 버리고 자연과 동화된 사람에게는 아무나 마음놓고 가까이 간다. 그에게서는 아무런 위압이나 두려움을 느끼지 않기 때문인 것이다.

이 대목은「장자(莊子)」우언(寓言)편에도 들어 있으니 참조하기 바란다.

16.

양주(楊朱)가 송(宋)나라 동쪽을 지나다 여관에 들게 되었다. 여관 주인에게 첩(妾)이 두 사람 있었는데, 그중 한 사람은 예쁘고 그중 한 사람은 못났다. 그런데 못난 사람이 존중을 받고 예쁜 사람은 천대를 받고 있었다.

양자가 그 까닭을 물으니, 여관에서 일하는 사람이 말했다.

「그중 예쁜 사람은 스스로 예쁘다. 뽐내어 저는 그가

이쁨을 알지 못하고 있습니다. 그중 못난 사람은 스스로 못났다고 여기고 있지만, 저는 그가 못났음을 알지 못하고 있습니다.」

양자가 말했다.

「너희들은 이것을 기억해 두어라. 어진 행동을 하면서도 스스로 어질다고 생각하는 행동을 버릴 수만 있다면 그 누가 사랑하지 않겠는가?」

楊朱過宋東之於逆旅. 逆旅人有妾二人, 其一人美, 其一人惡, 惡者貴而美者賤. 楊子問其故, 逆旅小子對曰, 其美者自美, 吾不知其美也. 其惡者自惡, 吾不知其惡也.

楊子曰, 弟子記之. 行賢而去自賢之行, 安往而不愛哉?

• 逆旅(역려) : 여관. 객사.
• 惡(악) : 보기 싫은 것. 못난 것.

＊지극한 사람은 자기 자신을 텅 비게 하므로서 아무리 재주가 많아도 뽐낼 줄을 모른다. 아무리 훌륭한 사람이라 하더라도 자기 자신이 훌륭하다고 남 앞에 내세우는 자들은 정말로

훌륭한 사람이 못된다.

이 얘기도「장자」산목(山木)편에 들어 있으니 참조하기 바란
다.

17.

천하에는 언제나 이기는 도(道)가 있고, 언제나 이기지
못하는 도가 있다. 언제나 이기는 도를 유(柔)함이라 부
르며, 언제나 이기지 못하는 도를 강(强)함이라 부른다.
이 두 가지는 알기 쉬운 것인데도 사람들은 그것을 알지
못하고 있다.

그러므로 아주 옛날 말에,「강함은 자기만 못한 자에
게 앞서지만, 유함은 자기보다 뛰어난 자에게 앞선다.」
하였다.

자기만 못한 자에게 앞서는 사람은 자기와 같은 상대
를 만나게 되면, 곧 위태로울 것이다. 자기보다 뛰어난
자에게 앞서는 사람은 위태롭게 되는 일이 없을 것이다.

이러한 도로써 한 몸을 이기는 것은 아무것도 낳는 것
같은 것이고, 이러한 도로써 천하를 맡아 다스리는 것도
아무것도 낳은 것 같은 것이다. 그것은 이기지 않으려 해

도 스스로 이기게 되고, 맡아 다스리지 않으려고 해도 스스로 맡아 다스려지게 됨을 말하는 것이다.

육자(鬻子)가 말했다.

「억세려 한다면 반드시 유함으로써 그것을 지켜야 하고, 강하려 한다면 반드시 약함으로써 그것을 보전하여야 된다. 유함을 쌓아가면 반드시 억세지고, 약함을 쌓아가면 반드시 강하여진다. 그에게 쌓인 것을 보면 그것으로서 화(禍)와 복(福)의 향방(向方)을 알 수 있다. 강함은 자기만 못한 사람에게는 이기지만, 자기와 비슷한 사람을 만나면 억세져서 부러진다. 유함은 자기보다 뛰어난 사람에게 이기므로 그의 힘은 헤아릴 수가 없는 것이다.」

노자(老子)도 말했다

「군대가 강하면 곧 멸망당할 것이며, 나무가 억세면 쉽게 꺾일 것이다. 유하고 약한 것은 삶의 무리이고, 굳고 강한 것은 죽음의 무리이다.」

天下有常勝之道, 有不常勝之道, 常勝之道曰柔, 常不勝之道曰彊, 二者亦知, 而人未之知. 故上古之言, 彊先不己若者, 柔先出於己者. 先不己若者, 至於若己, 則殆矣. 先出於己者, 亡所殆矣.

以此, 勝一身若徒, 以此, 任天下若徒. 謂下勝而自勝, 不任而自任也.

粥子曰, 欲剛必以柔守之, 欲彊必以弱保之. 積於柔必剛, 積於弱必彊. 觀其所積, 以知禍福之鄕. 彊勝不若己, 至於若己者剛. 柔勝出於己者, 其力不可量.

老耼曰, 兵彊則滅, 木彊則折. 柔弱者生之徒, 堅彊者死之徒.

- 彊(강) : 강함. 强(강)과 통함.
- 亦(역) : 易(이)로 씀이 옳으며(張湛說),「쉽다」는 뜻.
- 不己若者(불기약자) : 자기와 같지 못한 사람.
- 出於己者(출어기자) : 자기보다 뛰어난 사람.
- 若徒(약도) : 徒는 空默(공묵)의 뜻으로(張湛說),「아무 것도 아닌 것 같은 것」.
- 粥子(육자) : 粥은 鬻(육)으로도 쓰며, 앞에 나온 주(周)나라 문왕(文王)시대의 육웅(鬻熊). 그의 저서로「육자」1권이 있다.
- 鄕(향) : 向(향)과 통하여,「향배(向背)」또는「향방(向方)」.
- 至於若己者剛(지어약기자강) : 자기와 같은 사람을 만나게 되면 억세져서 부러진다. 剛은 억세져서 부러짐을 뜻함.
- 老耼曰(노담왈) :「노자(老子)」제6장에 보이는 글임.

＊여기서는 도가에서 늘 주장하는 「유약(柔弱 : 부드럽고 약한
것)」의 강함을 강조하였다. 「노자」에서는 유약의 강함을 상징하
는 것으로 물을 들고 있다. 물은 부드럽기 짝이 없는 것이지만
바위를 깎아낸다. 반대로 굳거나 강한 것은 깨어지거나 부러지
기 마련이다.

18.

　모습이 똑같지 않다 하더라도 지혜는 같을 수 있고, 지
혜가 똑같지 않다 하더라도 모습은 같을 수 있다. 성인은
지혜가 같은 것은 취하되 모습이 같은 것은 버린다. 여러
사람들은 모습이 같은 것에 가까이하되 지혜가 같은 것
은 멀리한다. 모습이 나와 같은 것은 가까이하면서 그것
을 사랑한다. 모습이 나와 다른 것은 멀리하면서 그것을
두려워한다.

　칠척(七尺)의 몸통을 갖고 있고 손과 발 모양이 다르
며, 위에 머리가 나고 입안에 이가 있으며 꼿꼿이 걸어가
는 것을 두고 사람이라 말한다. 그러나 사람이라고 해서
반드시 짐승의 마음을 갖지 않은 것은 아니다. 비록 짐승
의 마음을 지니고 있다 하더라도 모습 때문에 친근히 대
접받고 있는 것이다.

날개를 달고 있고 뿔을 머리에 이고 있으며, 이가 갈라져 있고 발톱이 퍼져 있으며, 위로 날아오르고 엎드려 달리는 것을 두고 새와 짐승이라고 말한다. 그런데 새나 짐승이라고 해서 반드시 사람과 같은 마음이 없는 것은 아니다. 비록 사람의 마음을 갖고 있다 하더라도 모습 때문에 소원(疏遠)당하고 있는 것이다.

복희씨(伏犧氏)와 여와씨(女媧氏)와 신농씨(神農氏)와 하후씨(夏後氏)는 뱀의 몸뚱이에 사람의 얼굴을 하고 있었고, 소 같은 머리에 호랑이 같은 코가 달려 있었다. 이들은 사람과 다른 모습을 하고 있지만 위대한 성인의 덕을 지니고 있었다. 하(夏)나라 걸(桀)왕과 은(殷)나라 주(紂)왕 및 노(魯)나라 환공(桓公)과 초(楚)나라 목공(穆公)은 모습에 있어서는 이목구비가 갖추어져 있어서 모두가 사람과 같았지만 새나 짐승과 같은 마음을 지니고 있었다. 그런데도 여러 사람들은 한 가지 모습만을 가지고서 지혜 있는 사람을 구하였는데, 그것은 바랄 수 없는 일인 것이다.

황제(黃帝)와 염제(炎帝)가 판천(阪泉)의 들에서 싸울 때에는 곰과 말곰과 이리와 표범과 삵괭이와 호랑이를 선봉대(先鋒隊)로 삼았고, 독수리와 갈단(鶡旦)새와 매와 솔

개로 깃발을 삼았었다. 이들은 힘으로써 새와 짐승을 부린 사람들이다.

요(堯)임금은 기(夔)를 전악관(典樂官)에 임명하였는데, 경(磬)을 치고 두드리자 여러 짐승들이 함께 와 춤을 추었고, 소소(簫韶)를 아홉 번 장을 바꿔가며 연주하자 봉황새도 날아와 법식에 맞추어 춤추었다. 이것은 음악으로써 새와 짐승을 오게 한 것이었다.

그러니 새와 짐승의 마음 어디가 사람들과 다르다고 하겠는가? 형체와 목소리가 사람들과 다르므로 그것들과 접촉하는 도를 알지 못하기 때문인 것이다. 성인들은 알지 못하는 것이 없고 통달하지 않은 것이 없기 때문에 그들을 끌어다가 부릴 수가 있었던 것이다.

새와 짐승의 지혜는 자연히 사람들과 같은 점이 있는 것이다. 그들은 다같이 삶을 영위(營爲)해 나가려 하며 그렇다고 사람들로부터 지혜를 빌리지는 않는다. 암컷과 수컷이 서로 짝을 짓고, 어미와 자식은 서로 친근히 지내며, 평평한 곳을 피하여 험한 곳을 의지하며 지내고, 추위를 피하며 따스한 곳으로 나가며, 살아감에 있어서는 무리를 이루고 다님에 있어서는 줄을 지으며, 작은 놈은 안에 살고 장성(壯成)한 놈은 밖에 산다. 마실 적에는 서로 이끌고 가고 먹을 때에는 울음으로 자기 무리를 부른다.

태곳적에는 사람들과 더불어 함께 살면서 사람들과 나란히 다녔다. 제왕(帝王)의 시대에야 비로소 놀라서 흩어져 달아나게 되었다. 말세(末世)에 이르러는 숨고 도망침으로써 환난과 위해를 피하였다.

지금 동쪽의 개씨(介氏)의 나라에는 그 나라 사람들 중에 가축들의 말을 알아듣는 사람들이 퍽 많은데, 그것은 광범한 지식에 의하여 얻은 재주이다. 태곳적 신성(神聖)한 사람들은 만물의 실정과 상태를 모두 알았고, 다른 종류의 동물들의 음성도 다 이해하여 불러서 이들을 모으고 가르쳐서 이들은 사람과 같았다. 그러므로 먼저 귀신과 도깨비들을 불러 모으고, 다음에는 사방의 사람들에게 뜻을 통달시켰으며, 끝으로 새와 짐승과 벌레와 나방들을 모았다. 그것은 혈기(血氣)를 지닌 동물들은 마음과 지혜가 크게 다르지 않음을 말해주는 것이다. 신성(神聖)한 분들은 아는 것이 이와 같았기 때문에 그들이 교훈하는 것들은 빠짐이 없었다.

狀不必童, 而智童, 智不必童, 而狀童. 聖人取童

智而遺童狀. 眾人近童狀而疏童智. 狀與我童者, 近而愛之. 狀與我異者, 疏而畏之.

有七尺之骸, 手足之異, 戴髮含齒, 倚而趣者, 謂之人.

而人未必無獸心. 雖有獸心, 以狀而見親矣.

傅翼戴角, 分牙布爪, 仰飛伏走, 謂之禽獸. 而禽獸未必無人心. 雖有人心, 以狀而見疏矣.

庖犧氏女媧氏神農氏夏后氏, 蛇身人面, 牛首虎鼻. 此有非人之狀, 而有大聖之德. 夏桀殷紂, 魯桓楚穆, 狀貌七竅, 皆同於人, 而有禽獸之心. 而眾人守一狀, 以求至智, 未可幾也.

黃帝與炎帝, 戰於阪泉之野, 帥熊羆狼豹貙虎為前驅, 鵰鶡鷹鳶為旗幟, 此以力使禽獸者也.

堯使夔典樂, 擊石拊石, 百獸率舞, 簫韶九成, 鳳皇來儀. 此以聲致禽獸者也.

然則禽獸之心, 奚為異人? 形音與人異, 而不知接之之道焉. 聖人無所不知, 無所不通, 故得引而使之焉.

禽獸之智, 有自然與人童者. 其齊欲攝生, 亦不假智於人也. 牝牡相偶, 母子相親, 避平依險, 違寒就

溫, 居則有羣, 行則有列, 小者居内, 壯者居外. 飮則
相攜, 食則鳴羣.

太古之時, 則與人同處, 與人竝行, 帝王之時, 始
驚駭散亂矣. 逮於末世, 隱伏逃竄, 以避患害.

今東方介氏之國, 其國人數數解六畜之語者, 蓋偏
知之所得. 太古神聖之人, 備知萬物情態, 悉解異類
音聲, 會而聚之. 訓而受之, 同於人民. 故先會鬼神
魑魅, 次達八方人民, 末聚禽獸蟲蛾. 言血氣之類,
心智不殊遠也. 神聖知其如此. 故其所敎訓者, 無所
遺逸焉.

- 童(동) : 同(동)으로 씀이 옳으며(張湛說), 「같은 것」.
- 疏(소) : 소원(疏遠)하다. 멀리하다.
- 骸(해) : 뼈. 몸. 여기서는 신장(身長)을 뜻함.
- 含齒(함치) : 입안에 이가 있는 것.
- 倚而趣(의이취) : 의지하여 걸어가다, 곧 꼿꼿이 서서 다님을
  뜻한다.
- 傅翼(부익) : 날개가 붙어 있는 것.
- 分牙(분아) : 코끼리나 멧돼지처럼 어금니가 갈라져 나 있는
  것.
- 布爪(포조) : 짐승이나 새의 발톱이 땅을 향해 퍼져 있는 것.
- 庖犧(포희) : 伏羲(복희)로 흔히 쓰며, 중국의 전설적인 삼황

(三皇) 중의 한 사람. 문자의 시초라 할 수 있는 팔괘(八卦)를 처음 만들고, 밭 갈고, 고기 잡고, 짐승 기르는 법을 백성들에게 가르쳤다 한다.

- 女媧(여와) : 태곳적 여황(女皇)으로 복희씨(伏羲氏)의 누이동생이라 한다. 악기 중의 생황(笙簧)을 처음으로 만들고 혼인법을 제정하였다 한다.

- 神農(신농) : 옛 전설적인 황제로서 강(姜)씨의 조상이라 하며, 백성들에게 농사짓는 법과 병 고치는 법 등을 가르쳤다 한다.

- 夏后(하후) : 순(舜)임금 때 우(禹)는 천하의 홍수를 다스린 공로로, 천자의 자리를 물려받아 하(夏)나라를 세웠다. 그리하여 우(禹)임금을 하후(夏后)라고도 부른다.

- 夏桀(하걸) : 하(夏)나라 맨 끝의 걸(桀)왕. 포학한 정치를 하다가 은(殷)나라 탕(湯)임금에게 멸망당하였다.

- 殷紂(은주) : 은(殷)나라 최후의 주(紂)왕. 포학한 임금의 대표자로 치며, 주(周)나라 무왕(武王)에게 멸망당하였다.

- 魯桓楚穆(노환초목) : 노(魯)나라의 환공(桓公)과 초(楚)나라 목공(穆公). 이들은 모두 포학하게 백성을 다스린 제후들임.

- 七竅(칠규) : 귀·눈·코·입의 일곱 개 구멍.

- 守一 狀(수일장) : 한 가지 자기와 모습이 같다는 조건만으로 친근히 생각하는 것.

- 黃帝(황제) : 태곳적 삼황(三皇) 중의 한 사람.

- 炎帝(염제) : 옛날 신농씨(神農氏)·화덕(火德)으로 황제가 되었다 해서 염제라 부른다.

- 阪泉(판천) : 후세엔 산서성(山西省) 양곡현(陽曲縣)에 있는 산 이름으로 쓰이고 있으나 그 산 근처 지방의 이름이었다고 생각된다.
- 罷(비) : 말곰.
- 狼(랑) : 이리.
- 豹(표) : 표범.
- 貙(추) : 살쾡이.
- 鵰(조) : 독수리.
- 鶡(갈) : 갈단(鶡旦)이라고도 부르는 닭처럼 생긴 싸움 잘하는 사나운 새 이름.
- 鳶(연) : 솔개.
- 堯(요) : 옛 성군(聖君). 이 대목의 기록은 「서경(書經)」에 근거를 둔 것이다. 「서경」의 순(舜)임금의 일로 나옴.
- 夔(기) : 순임금의 신하 이름.
- 典樂(전악) : 음악을 관장하는 관리 이름.
- 石(석) : 경(磬). 돌북.
- 拊(부) : 가벼이 두드리는 것.
- 簫韶(소소) : 순임금이 제정한 음악 이름.
- 九成(구성) : 구종(九終). 구장(九章)과 비슷한 뜻임.
- 聲(성) : 소리. 음악.
- 攝生(섭생) : 삶을 영위(營爲)하는 것.
- 小者(소자) : 작은 놈, 곧 어린 것. 뒤의 壯者(장자)는 그 반대로 「장성한 놈」.
- 隱伏(은복) : 안 보이게 숨는 것.

- 逃竄(도찬) : 도망쳐 숨어버리는 것.
- 數數(삭삭) : 자주 있는 모양.
- 八畜(육축) : 소, 말, 양, 개, 닭, 돼지의 대표적인 가축.
- 偏知(편지) : 동물의 마음이나 소리에 대하여 두루 다 아는 것.
- 異類(이류) : 사람과 다른 동물.
- 魑魅(이매) : 도깨비. 허깨비.
- 遺逸(유일) : 가르치며 다스리는 범위에서 잊거나 빠뜨리는 것.

＊사람의 모습은 새와 짐승과 다르지만 사람들 중에는 새나 짐승 같은 마음을 지닌 자가 있다. 그런데도 사람들은 겉모양만 보고 자기와 모습이 다른 동물이라면 무조건 배척한다. 그러나 옛날 신성(神聖)한 분들은 겉모습에는 관계 없이 사람은 물론 귀신으로부터 모든 동물에 이르기까지 천하의 모든 것을 다스리었다. 그것은 겉모양에만 사로잡히지 않고 만물의 마음에 통달해 있었기 때문이다. 말세(末世)로 올수록 사람 이외의 동물들을 배척하게 되었지만, 정말로 잘 사는 평화로운 세상이란 모든 동물들까지도 사람과 함께 잘 다스려지는 세상을 말한다. 그렇게 되기 위하여는 겉모습보다도 그 안의 여러 가지 진리에 통달하여야만 한다.

19.

송(宋)나라에 저공(狙公)이란 사람이 있었는데, 원숭이를 사랑한 나머지 원숭이를 기르다 보니 무리를 이루었다. 그는 원숭이의 뜻을 이해할 수 있었고, 원숭이도 역시 저공의 마음을 알아차렸다. 그는 집안 식구들의 음식을 줄이면서 원숭이들의 욕망을 충족시키고 있다가 얼마 못 가서 궁핍하게 되었다.

원숭이들의 먹이를 제한하고자 하였으나 여러 원숭이들이 자기를 따르지 않게 될까 두려워서 먼저 그들을 속여 말하였다.

「너희들에게 주는 밤을 아침엔 세 개, 저녁엔 네 개로 정하면 족하겠느냐?」

여러 원숭이들은 모두 일어서서 성을 내었다. 조금 있다가 말하였다.

「너희들에게 주는 밤을 아침엔 네 개, 저녁엔 세 개로 정하면 족하겠느냐?」

여러 원숭이들은 모두 엎드리어 기뻐하였다.

만물들이 능력이 있는 것이 없는 것을 서로 농락(籠絡)함이 모두 이와 같은 것이다. 성인(聖人)은 지혜로써 여러 어리석은 이들을 농락하는데, 또한 저공이 지혜로써 여

러 원숭이들을 농락하던 것과 같은 일인 것이다. 명분과
사실에 아무런 손상없이 그들을 기쁘게도 하고 노엽게도
할 수 있었던 것이다.

宋有狙公者, 愛狙, 養之成羣. 能解狙之意, 狙亦
得公之心. 損其家口, 充狙之欲, 俄而匱焉.

將限其食, 恐衆狙之不馴於己也, 先誑之曰, 與若
芧朝三而暮四, 足乎? 衆狙皆起而怒. 俄而曰, 與若
芧朝四而暮三, 足乎? 衆狙皆伏而喜.

物之以能鄙相籠, 皆猶此也. 聖人以智籠羣愚, 亦
猶狙公之以智籠衆狙也. 名實不虧, 使其喜怒哉.

- 狙(저) : 원숭이. 저공(狙公)은 원숭이를 잘 기르는 데에서 붙
  여진 별명.
- 家口(가구) : 식구들이 먹는 음식.
- 匱(궤) : 다하다. 부족하다. 궁핍하다.
- 誑(광) : 속이다.
- 芧(저) : 밤(栗).
- 能鄙(능비) : 능력이 뛰어난 것과 형편 없는 것.
- 籠(농) : 농락(籠絡)하다.

＊여기서는 저공(狙公)이 원숭이들을 농락하여 노엽게도 하였다, 기쁘게도 하였다 하는 것으로서 백성들을 농락하는 도를 설명하고 있다. 어리석은 백성들이란 똑같은 물건을 주면서도 기쁘게도 할 수 있고, 노엽게도 만들 수 있다는 것이다. 「장자(莊子)」 제물론(齊物論)편에도 이 얘기가 인용되어 있으나 같은 것의 작용의 분별없는 어리석음을 비유하기 위하여 인용된 것이다.

20.

기성자(紀省者)가 주(周)나라 선왕(宣王)을 위하여 싸움닭을 길렀다.

3일 만에 닭을 싸움시킬 만하냐고 묻자, 그는 대답하였다.

「아직 안됐습니다. 지금 막 헛되이 교만하게 자기 기운을 믿고 있습니다.」

10일 만에 또 묻자, 대답했다.

「아직 안됐습니다. 마치 그림자나 소리울림처럼 닭만 보면 싸우려 듭니다.」

10일 만에 다시 묻자, 대답했다.

「아직 안됐습니다. 아직도 상대방을 노려보며 기운이

왕성합니다.」

10일 만에 다시 묻자, 말하였다.

「거의 다 됐습니다. 닭이란 비록 우는 짐승이라 하지만 이제는 변함이 없을 것입니다. 저놈을 바라보면 마치 나무로 만든 닭 같은데, 그의 덕이 온전하기 때문입니다.」

그 닭에게 다른 닭들은 감히 도전을 하지 못하고 모두 되돌아서서 도망쳐 버렸다.

紀渻子爲周宣王養鬪雞. 十日而問雞可鬪已乎? 曰, 未也. 方虛驕而恃氣. 十日又問, 曰, 未也. 猶應影響. 十日又問, 曰, 未也. 猶疾視而盛氣. 十日又問, 曰, 幾矣. 雞雖有鳴者, 已無變矣. 望之似木雞矣, 其德全矣. 異雞無敢應者, 反走耳.

- 鬪雞(투계) : 싸움닭.
- 虛驕(허교) : 헛되이 교만한 것.
- 恃氣(시기) : 자기 기운을 믿는 것.
- 影響(영향) : 물건에 그림자가 따르고 소리에 울림이 따르듯, 다른 닭만 보면 싸우려 드는 것.
- 疾視(질시) : 노려보다. 흘겨보다.

• 幾矣(기의) : 거의 되었다.
• 木鷄(목계) : 나무를 깎아 만든 닭.

＊여기서는 싸움닭을 기르는 얘기를 빌어 사람이 양생(養生)을 함으로써 완전한 덕을 지니게 되는 단계를 암시적으로 설명한 것이다. 밖에 어떤 변화가 오더라도 지각이나 감정이 없는 사람처럼 변함없는 단계에 이르러야 완전한 사람이 될 수 있다는 것이다. 이 얘기는 「장자(莊子)」 달생(達生)편에도 실려 있으니 참조하기 바란다.

21.

혜앙(惠盎)이 송(宋)나라 강왕(康王)을 뵈었는데, 강왕은 발을 구르고 헛기침을 하면서 빠른 말로 말하였다.

「내가 좋아하는 것은 용감하고도 힘이 있는 것이오. 어짊과 의로움(仁義)을 행하는 일은 좋아하지 않소. 그대는 무엇으로서 나를 가르치려 하오?」

혜앙이 대답하였다.

「제게는 여기에 한 가지 도(道)가 있습니다. 어떤 사람이 비록 용감하다 하더라도 그를 찔러봤자 칼이 들어가지 않고, 비록 힘이 있다 하더라도 그를 쳐봤자 얻어맞지 않는 것입니다. 대왕께서 홀로 뜻이 없으시단 말씀이십니까?」

송나라 임금이 말하였다.

「좋소! 그것은 내가 들어보고자 하던 말이오.」

혜앙이 말하였다.

「그를 찔러도 들어가지 않고, 그를 쳐도 얻어맞지 않는다 하더라도 그것은 그래도 욕된 일입니다. 저에게는 여기에 한 가지 도가 있습니다. 사람들로 하여금 비록 용감하다 하더라도 감히 찌르지 아니하고, 비록 힘이 있다 하더라도 감히 치지 않도록 만드는 것입니다. 감히 하지 않는다는 것이 그에게 그럴 뜻조차 없다는 것은 아닙니다. 제게는 여기에 한 가지 도가 있습니다. 사람들로 하여금 근본적으로 그러려는 뜻을 갖지 않도록 하는 것입니다.

그럴 뜻은 없다 하더라도 그에게 사랑하고 이롭게 하려는 마음이 있는 것은 아닙니다. 제게는 여기에 한 가지 도가 있습니다. 천하의 남자와 여자들로 하여금 모두가 기뻐하면서 그를 사랑하고 이롭게 하려 들지 않는 이가 없도록 하는 것입니다. 이것이 용감하고도 힘 있는 자에 비하여 네 배(倍) 이상 더 훌륭합니다. 대왕께서는 홀로 뜻이 없으시다는 말씀이십니까?」

송나라 임금이 말하였다.

「그것은 내가 얻기 바라는 일이오.」

혜앙이 대답하였다.

「공자(孔子)와 묵자(墨子)가 바로 그렇습니다. 공자와 묵자는 땅이 없이도 임금 노릇을 하였고, 벼슬 없이도 우두머리 노릇을 하였습니다. 천하의 남자와 여자들은 모두가 목을 빼고 발돋음을 하면서까지 그들을 편안하고 이롭게 해주기를 바랐습니다. 지금 대왕께서는 만승(萬乘)의 임금이십니다. 진실로 그러실 뜻만 계시다면, 곧 사방 나라 안이 다 그 이익을 얻게 될 것입니다. 그렇게 되면 공자나 묵자보다도 훨씬 훌륭한 분이 될 것입니다.」

송나라 임금이 대답을 않고 있자, 혜앙은 빠른 걸음으로 나갔다.

송나라 임금이 옆 신하들에게 말하였다.

「변론이로다! 그 사람은 이론을 가지고서 나를 설복시켰도다.」

惠盎見宋康王, 康王蹀足謦欬, 疾言曰, 寡人之所

說者, 勇有力也. 不說爲仁義者也. 客將何以敎寡
人?

惠盎對曰, 臣有道於此, 使人雖勇, 刺之不入, 雖
有力, 擊之弗中, 大王獨無意邪? 宋王曰, 善, 此寡
人之所欲聞也.

惠盎曰, 夫刺之不入, 擊之不中, 此猶辱也. 臣有
道於此, 使人雖有勇弗敢刺, 雖有力弗敢擊. 夫弗敢,
非無其志也.

臣有道於此, 使人本無其志也. 夫無其志也, 未有
愛利之心也. 臣有道於此, 使天下丈夫女子, 莫不驩
然皆欲愛利之. 此其賢於勇有力也, 四累之上也. 大
王獨無意邪? 宋王曰, 此寡人之所欲得也.

惠盎對曰, 孔墨是已. 孔丘墨翟, 無地而爲君, 無
官而爲長. 天下丈夫女子, 莫不延頸擧踵而願安利
之. 今大王, 萬乘之主也. 誠有其志, 則四境之內, 皆
得其利矣. 其賢 於孔墨也遠矣.

宋王無以應, 惠盎趨而出. 宋王謂左右曰, 辯矣.
客之以說服寡人也.

• 蹀足(접족) : 발을 구르는 것.

- 謦欬(경해) : 헛기침을 하는 것. 모두 급한 성미의 소유자임을 나타낸다.
- 疾言(질언) : 빠른 속도로 말하는 것.
- 刺(척) : 칼 같은 것으로 사람을 찌르는 것.
- 驩然(환연) : 歡然(환연)과 통하여 기쁜 듯이 행동하는 것.
- 四累(사루) : 네 배. 그러나 사층(四層)으로 봄이 정확하다. 일층은 찔러도 들어가지 않고 쳐도 맞지 않는 것, 이층은 감히 못하게 하는 것, 삼층은 그럴 뜻도 없게 하는 것, 사층은 그를 사랑하고 이롭게 만드는 것임.
- 墨翟(묵적) : 묵자(墨子). 그는 온 세상을 아울러 사랑해야 한다는 「겸애(兼愛)」와 근검(勤儉)을 주장했던 묵가(墨家)의 창설자임.
- 延頸(연경) : 어떤 소원 때문에 목을 길게 빼는 것.
- 擧踵(거종) : 발뒤꿈치를 드는 것.

  * 여기에서는 선(善)을 가지고 사람들을 대하는 사람들은 온 세상 사람들을 굴복시킬 수 있음을 설명하였다. 용기와 힘으로는 한 사람밖에 굴복시킬 수 없을 뿐만 아니라, 남의 미움을 사지만 선으로 남을 대하는 사람은 남들이 그를 사랑하며 이롭게 해주려 든다는 것이다.

  이 황제편에서는 대체로 도가에서 이상적인 인간형(人間型)으로 생각하는 지극한 사람(至人)에 이르는 수양 방법과 지극한 사람의 몸가짐, 마음가짐 등을 해설하였다.

열자

제3권

3. 주목왕편周穆王篇

이 편에서는 주로 변환술(變幻術)과 사생변화(死生變化)의 원리가 공통된다는 것과, 꿈과 깨어 있을 때 곧 몽각(夢覺)의 경계를 논하고 있다. 이러한 변환(變幻)과 몽각을 초월한 참된 사람(眞人)이야말로 세상의 고락(苦樂)과 명리(名利) 같은 것에도 초연할 수 있다는 것이다. 「주목왕」이란 편명은 이 편의 첫머리에 나오는 글에서 딴 것이다.

1.

주(周)나라 목왕(穆王) 때에 서극(西極)의 나라로부터 한 환술사(幻術師)가 왔다. 물과 불에도 들어가고 쇠와 돌을 꿰뚫으며, 산과 냇물을 둘러엎고 성과 고을을 옮겼으며, 허공을 타고 있어도 떨어지지 아니하고 실물을 접촉하여도 막히지 아니하였다. 그의 천변만화(千變萬化)는 끝이 없었다. 물건의 형체를 변화시킴은 말할 것도 없거니와 또한 사람들의 생각까지도 바꾸어 놓았다.

목왕은 그를 귀신처럼 공경하고, 그를 임금처럼 섬기었다. 천자의 정전(正殿)을 내주어 그에게 거처하게 하였고, 소와 양과 돼지를 잡아다 그에게 바쳤고, 여자 악공(樂工)들을 골라서 그를 즐겁게 해주었다. 그러나 환술사는 임금의 궁실을 비루(卑陋)하여 거처할 수 없다고 생각하였고, 임금의 부엌의 요리를 비린내와 노린내가 나서 먹을 수 없다고 생각하였으며, 임금의 시녀(侍女)들은 암내가 나고 못생겨서 친근히 할 수 없다고 생각하였다.

목왕은 이미 그를 위하여 집을 개축(改築)하였는데, 토목(土木) 일이며 붉고 흰 색깔을 칠하고 기교를 빠뜨리지 않고 다하였다. 임금의 여러 창고는 그 때문에 텅 비게 된 다음 누대(樓臺)가 비로소 완성되었는데, 그 높이는 천 길이었고 종남산(終南山) 위에 있어서 그것을 「중천지대(中天之臺)」라 이름붙였다. 정(鄭)나라와 위(衛)나라의 처녀들 중에서도 아리땁고도 날씬한 사람들을 골라서 향수 뿌리고, 기름을 바르고, 눈썹을 곱게 그리게 하고, 비녀를 꽂고, 귀걸이를 달고 엷은 비단옷을 입히고, 제(齊)나라 흰 비단신을 끌게 하였으며, 흰 분을 바르고 검은 눈썹을 그리게 하고, 구슬 고리를 차게 하였다. 향초(芷草)를 섞어서 누대를 가득 채우고, 승운(承雲), 육영(六瑩), 구소(九韶), 신로(晨露) 같은 음악을 연주해서 그를 즐겁게 하였다. 날마다 구슬옷을 바치고 아침마다 구슬 같은 음식을 올렸다. 환술사는 그래도 석연치 않게 여기면서 그것들을 대하였다.

얼마 안 있다가 그는 왕에게 함께 유람할 것을 요청하였다. 왕이 환술사의 소맷자락을 잡자 위로 치솟아 하늘

가운데까지 가서야 멈추었다. 어느덧 환술사의 집에 도착해 있었다. 환술사의 집은 금과 은으로 지었고 진주와 구슬을 둘렀으며, 구름과 비 오는 곳의 위에 나와 있어서 그 아래쪽은 어디에 의지하고 있는지 알 수가 없었으며, 그 집을 바라보면 마치 구름더미 같았다. 귀와 눈으로 보고 듣는 것과, 코와 입으로 맡고 맛보는 것이 모두가 인간 세상에 있는 것이 아니었다. 왕은 실로 청도(淸都)나 자미(紫微) 궁전이고, 균천(釣天)이나 광악(廣樂) 같은 음악이어서 하느님이 사는 곳이라 생각하였다. 왕이 몸을 굽히고 바라보니 자기의 궁전은 흙덩이를 포개놓고 땔나무를 쌓아놓은 것 같이 보였다. 왕은 스스로 수십 년을 이곳에 산다 하더라도 자기의 나라는 생각하지도 않을 것 같았다.

환술사는 다시 왕에게 함께 유람하기를 요청하였다. 그가 간 곳은 우러러보아도 해와 달이 보이지 않고 구부려도 강과 바다가 보이지 않았다. 빛과 그림자가 비치는 곳을 왕은 눈이 부시어 바라볼 수가 없었다. 소리와 울림이 들려오면 왕의 귀는 어지러워 들을 수가 없었다. 온 뼈마디와 온 내장이 떨리며 안정되지 않았고, 뜻은 미혹되고 감정은 사라져 갔다. 환술사에게 돌아가기를 요청하자, 환술사는 왕을 옮기어 놓았는데 마치 허공에서 떨어지는 것 같았다.

왕이 집에서 깨어난 뒤에 보니 앉아 있는 곳은 조금 전의 곳이며, 시중하는 사람들도 조금 전의 사람들이었다. 그의 앞을 보니 술도 아직 맑게 가라앉지 않았고 안주도 아직 마르지 않았었다.

왕이 갔다온 곳을 물으니, 곁의 신하들이 「임금님께서는 가만히 계시기만 하셨습니다.」고 대답하였다.

이로부터 목왕은 스스로 정신을 잃었다가 석 달만에야 회복하였다.

다시 환술사에게 물으니, 환술사가 대답하였다.

「저와 왕께서는 정신적으로 유람했던 것입니다. 형체야 어찌 움직이겠습니까? 또한 조금 전에 계시던 곳이 어찌 왕궁과 다른 곳이겠습니까? 조금 전에 노니던 곳이 어찌 임금님의 정원과 다른 곳이겠습니까? 임금님께서는 언제나 있던 일에 습관이 되어 잠시 동안의 일은 없었던 것으로 의심하고 계시니, 변화의 궁극과 느리고 빠른 사이를 모두 헤아릴 수가 있으시겠습니까?」

목왕은 크게 기뻐하여 나랏일도 돌보지 아니하고, 신하나 첩(妾)들도 즐기지 아니하고 뜻대로 먼 곳을 유람하였다. 여덟 마리의 준마(駿馬)가 끄는 수레를 명하여 타니 오른편 복마(服馬)는 화류(驊騮)였고, 왼편 복마는 녹이(綠耳)였으며, 오른편 참마(驂馬)는 적기(赤驥)였고 왼편 참마는 백의(白 𣚃)였다. 수레의 주관인(主車)으로 조보(造父)가 몰았고 태병(离 𠕇)이 오른편에 있었다. 따르는 수레(次車)를 끄는 말 중의 오른편 복마(服馬)는 거황(渠黃)이었고, 왼편 복마는 유륜(踰輪)이었으며, 왼편 참마(驂馬)는 도리(盜驪)였고, 오른편은 산자(山子)였다. 백요(柏夭)가 수레의 주관인이었고, 참백(參百)이 수레몰이였으며, 분융(奔戎)이 조수 노릇을 했다.

천 리 길을 달리어 거수씨(巨蒐氏)의 나라에 이르렀다. 거수씨는 곧 흰 따오기(白鵠)의 피를 바치어 왕으로 하여금 마시게 하였고, 또한 소와 말의 젖으로서 왕의 발을 씻게 하였다. 왕의 두 수레를 몬 사람들 모두에게도 그런 대접을 하였다.

마시고 난 다음 길을 떠나 마침내는 곤륜산(崑崙山) 언덕인 적수(赤水)의 북쪽 기슭에 묵게 되었다. 다음날엔 곤륜산 언덕으로 올라가 황제(黃帝)의 궁전을 보고서 봉선(封禪)함으로써 후세에 남기었다. 마침내는 서왕모(西王母)의 손님이 되어 찾아가 요지(瑤池) 가에서 술을 마셨

다. 서왕모는 왕을 위하여 노래 불렀고, 왕은 이에 화창
(和唱)하였는데, 그 가사가 슬픈 것이었다.

그리고는 해가 들어가는 곳을 보았으니 하루에 만 리
길을 다녔던 것이다.

왕은 이에 탄식하며 말하였다.

「아아, 나 한 사람은 덕이 충분하지도 않으면서 즐거
움을 흡족히 누리었다. 후세에 나의 허물을 추급(追及)하
여 책할 것인가!」

목왕은 거의 신인(神人)이었던 것 같다. 자기 자신의
즐거움을 잘 추궁하고도 백 년 지나서 돌아가셨으니, 세
상에선 왕이 승하(昇遐)하셨다고 하였다.

周穆王時, 西極之國, 有化人來, 入水火, 貫金石,
反山川, 移城邑, 乘虛不墜, 觸實不硋, 千變萬化, 不
可窮極.

旣已變物之形, 又且易人之慮.

穆王敬之若神, 事之若君, 推路寢以居之, 引三牲
以進之, 選女樂以娛之. 化人以爲王之宮室, 卑陋而
不可處, 王之廚饌, 腥螻而不可饗, 王之嬪御, 膻惡
而不可親.

穆王乃爲之改築, 土木之功, 赭堊之色, 無遺巧焉,
五府爲虛, 而臺始成, 其高千仞, 臨終南之上, 號曰
中天之臺.

簡鄭衛之處子娥媌靡曼者, 施芳澤, 正蛾眉, 設笄
珥, 衣阿錫, 曳齊紈, 紛白黛黑, 珮玉環. 雜芷若以滿
之, 奏承雲六瑩九韶晨露以樂之. 日月獻玉衣, 旦旦
薦玉食. 化人猶不舍然, 不得已而臨之.

居亡幾何, 謁王同遊. 王執化人之祛, 騰而上者中
天迺止. 暨及化人之宮. 化人之宮, 構以金銀, 絡以
珠玉, 出雲雨之上, 而不知下之據, 望之若屯雲焉.
耳目所觀聽, 鼻口所納嘗, 皆非人間之有. 王實以爲
清都紫微, 鈞天廣樂, 帝之所居. 王俯而視之, 其宮
榭若累塊積蘇焉. 王自以居數十年, 不思其國也.

化人復謁王同遊, 所及之處, 仰不見日月, 俯不見
河海.

光影所照, 王目眩不能得視. 音響所來, 王耳亂不
能得聽.

百骸六藏, 悸而不凝, 意迷情喪. 請化人求還, 化
人移之, 王若殞虛焉.

既寤, 所坐猶嚮者之處, 侍御猶嚮者之人. 視其前

則酒未清，肴未晞．王問所從來，左右曰，王默存耳．由此穆王自失者三月而復．

更問化人，化人曰，吾與王神遊也．形奚動哉？且曩之所居，奚異王之宮？曩之所遊，奚異王之圃？王閒恆，疑暫亡，變化之極，徐疾之間，可盡模哉？

王大悅，不恤國事，不樂臣妾，肆意遠遊．命駕八駿之乘，右服驊騮而左綠耳，右驂赤驥而左白㹀．主車則造父爲御，离𦍙爲右．次車之乘，右服渠黃而左踰輪，左驂盜驪而右山子．柏夭主車，參百爲御，奔戎爲右．

馳驅千里，至于巨蒐氏之國．巨蒐氏乃獻白鵠之血，以飲王，且牛馬之湩以洗王之足，及二乘之人．

已飲而行，遂宿于崑崙之阿，赤水之陽．別日升崑崙之丘，以觀黃帝之宮，而對之，以詒後世．遂賓于西王母，觴于瑤池之上，西王母爲王謠，王和之，其辭哀焉．

迺觀日之所入，一日行萬里．王乃歎曰，於乎！予一人，不盈于德，而諧於樂．後世其追數吾過乎！

穆王幾神人哉！能窮當身之樂，猶百年乃徂，世以爲登假焉．

- 周穆王(주목왕) : 주나라 제5대 임금. 이름은 만(滿), B.C. 1001년부터 B.C. 945년까지 55년간 임금 자리에 있었다.
- 化人(화인) : 환술사(幻術師). 요술쟁이.
- 硋(애) : 礙(애)와 통하여, 「막히는 것」, 「장애를 받는 것」.
- 路寢(노침) : 천자(天子)의 정전(正殿).
- 三牲(삼생) : 소 · 양 · 돼지. 세 가지 희생(犧牲).
- 廚饌(주찬) : 요리장에서 만들어지는 음식들.
- 腥螻(성루) : 날고기처럼 비린내 나고, 도로태(螻蛄)처럼 노린내가 나는 것.
- 嬪御(빈어) : 임금의 시첩(侍妾)들.
- 膻惡(잔악) : 膻은 암내가 나는 것, 惡은 못생긴 것.
- 赭堊(자악) : 붉은 칠과 흰 칠.
- 五府(오부) : 임금의 다섯 가지 창고. 즉 태부(太府), 옥부(玉府), 내부(內府), 의부(外府), 선부(膳府) (「周禮」).
- 終南(종남) : 남산(南山) 또는 중남(中南)이라고도 부르며, 장안(長安) 남쪽에 있던 산 이름.
- 簡(간) : 가리다. 선택하다.
- 鄭衛(정위) : 정나라와 위나라. 이 두 나라는 「시경(詩經)」에도 가장 음란한 시들을 남기고 있어, 옛날부터 여색(女色)과 놀이에 뛰어난 지방으로 쳤다.
- 處子(처자) : 처녀.
- 娥媌(아모) : 예쁜 것. 아름다운 것.
- 靡曼(미만) : 날씬한 것. 가냘프면서도 아름다운 것.
- 芳澤(방택) : 향기와 윤택, 곧 향수 뿌리고 기름을 바르는 것.

- 筓珥(계이) : 비녀와 귀걸이.
- 阿錫(아석) : 얇은 비단.
- 曳(예) : 끄는 것. 신을 신는 것. 옷자락이 끌리는 것으로 볼 수도 있다.
- 齊紈(제환) : 제나라에서 생산되는 흰 비단.
- 芷若(지약) : 향초(香草)의 이름.
- 承雲(승운) : 옛 황제(黃帝)의 음악.
- 六瑩(육영) : 제곡(帝嚳)의 음악.
- 九韶(구소) : 순(舜)임금이 제정한 음악.
- 晨露(신로) : 은(殷)나라 탕(湯)임금의 음악.
- 旦旦(단단) : 아침마다.
- 舍然(사연) : 석연(釋然). 그럴싸하게 여기는 것.
- 袪(거) : 소매.
- 絡(낙) : 두루. 다.
- 屯雲(돈운) : 구름이 모인 것. 구름더미.
- 淸都(청도) : 천제(天帝)가 사는 곳.
- 紫微(자미) : 천제의 궁전.
- 釣天·廣樂(균천·광악) : 두 가지 다 천제의 음악.
- 宮榭(궁사) : 궁전 안의 여러 가지 건물들. 궁전과 누각.
- 累塊(누괴) : 흙덩이를 쌓아놓은 것.
- 積蘇(적소) : 땔나무를 쌓아놓은 것.
- 謁(알) : 청하다. 요청하다.
- 百骸六藏(백해육장) : 온 몸의 뼈와 모든 내장을 뜻한다.
- 悸而不凝(계이불응) : 떨리며 안정되지 않는것.

- 殞虛(운허) : 허공을 떨어져 내리는 것.
- 晞(비) : 마르다.
- 閒恆(한항) : 항상 있었던 일들에 익숙하여 있는 것.
- 疑蹔亡(의잠무) : 잠시 동안 경험한 일밖에 없는 일에 대하여 는 없었던 것으로 의심하다.
- 模(모) : 모양을 더듬다. 헤아리다.
- 八駿之乘(팔준지승) : 여덟 마리의 준마가 끄는 수레.
- 服(복) : 복마(服馬). 여러 마리의 말이 한 수레를 끌 때 가운데 편에 서는 말.
- 駬騮(화류) : 駬는 驊(화)의 옛 글자이며, 아래 綠耳(녹이), 赤驥(적기), 白䕺(백의)와 함께 명마의 이름.
- 驂(참) : 참마(驂馬). 여러 마리의 말이 한 수레를 끌 때 바깥쪽에 서는 말들.
- 主車(주거) : 임금이 탄 수레.
- 造父(조보) : 아래 离裔(태병)과 함께 옛날의 유명한 수레몰이.
- 渠黃(거황) : 아래 踰輪(유륜), 盜驪(도리), 山子(산자)와 함께 명마 이름.
- 柏夭(백요) : 뒤의 參百(참백), 奔戎(분융)과 함께 옛날에 유명했던 수레몰이.
- 巨蒐氏(거수씨) : 서융(西戎), 곧 지금의 중앙아시아 쪽에 있던 나라 이름.
- 白鵠(백혹) : 흰 따오기.
- 渾(동) : 젖.
- 崑崙(곤륜) : 중국의 서쪽에 있는 큰 산 이름.

- 赤水(적수) : 강물 이름. 「산해경(山海經)」에 「사막(流沙)의 가, 적수(赤水)의 뒤, 흑수(黑水)의 앞쪽에 큰 산이 있는데, 곤륜산(崑崙山之丘)이라 부른다. 거기에 한 사람이 굴 속에 살고 있는데, 그를 서왕모(西王母)라 부른다.」하였다.
- 黃帝之宮(황제지궁) : 황제는 온 나라를 순유(巡遊)하였는데, 곤륜산에 올라 궁전을 지었다 한다(陸賈 「新語」). 따라서 해가 떠오르면서 궁전이 후광을 받고 보였던 것이다.
- 封(봉) : 명산(名山) 같은 곳에 제단을 쌓고 제사 지내는 것. 봉선(封禪).
- 西王母(서왕모) : 「산해경(山海經)」에 의하면, 곤륜산에 산다는 전설적인 선녀 이름. 산해경에는 「호랑이 이에 흐트러진 머리에 구슬 장식을 꽂았고 휘파람을 잘 불었다.」하였다. 그러나 후세에 올수록 아름다운 선녀로 변하여 한(漢)나라 무제(武帝)에겐 장생불로(長生不老)하는 선도(仙桃)를 바쳐 유명하다.(「漢武內傳」)
- 觴(상) : 술잔. 술잔을 드는 것.
- 瑤池(요지) : 곤륜산에 있는 못 이름.
- 數(삭) : 꾸짖다. 책하다.
- 登假(등가) : 승하(昇遐). 임금이 돌아가시는 것.

*여기서는 주(周)나라 목왕(穆王)이 환술사와 함께 신유(神遊)를 하고 다시 여덟 마리의 준마가 끄는 수레를 타고 천하를 두루 다니며 노는 얘기가 씌어 있다.

그런데 이 세상 밖에도 더욱 무한히 넓은 세상이 있고, 거기에는 이 세상에선 생각할 수도 없는 진정한 즐거움이 있다. 세상 사람들은 임금이라 하더라도 자기의 귀와 눈 또는 입과 코가 느끼는 감각을 벗어나지 못하여 제한된 이 세상 속에서 부귀(富貴)나 명리(名利)를 좇아 아귀다툼하게 된다. 지극한 사람이란, 이러한 세상의 한계를 초월하는 것이다. 목왕 같은 천자까지도 한 번 이 세상의 한계를 넘어 역외(域外)로 나가서는 돌아갈 생각도 하지 않았던 것이다. 이 세상의 부귀영화 같은 것은 아무런 뜻도 없는 것이라는 것이다.

2.

노성자(老成子)가 윤문 선생(尹文先生)에게 환술(幻術)을 배우는데, 3년이 되도록 일러주지 않았다. 노성자는 그의 잘못이 무엇인가 물으면서 물러가게 해줄 것을 요청하였다. 윤문 선생은 읍(揖)으로 하면서 그를 방으로 들어가게 하고는 곁의 사람들을 다 물리친 다음 그에게 말하였다.

「옛날 노자(老子)가 서쪽으로 가실 적에 돌아다보시며 나에게 다음과 같이 말씀하셨소.

『삶을 지니고 있는 기운이나 형체를 지니고 있는 모양

들은 모두가 환상(幻想)이야. 조화(造化)가 시작되는 것과 음양(陰陽)이 변화하는 것을 삶이라고도 하고 죽음이라고도 말하는 것이지. 법칙을 추궁하여 변화에 통달함으로써 형체를 근거로 하여 옮아가고 바뀌어지는 것을 변화라고도 말하고, 환술(幻術)이라고도 말하는 것이야. 조물주(造物主)는 작용이 교묘하고 그의 공(功)이 깊기 때문에 본시부터 추궁하기 어렵고 끝나기도 어려운 것이지. 형체를 근거로 하는 자는 그의 교묘함이 나타나지만 그 공은 얕은 것이야. 그러므로 생겨나는 대로 소멸(消滅)되기도 하는데, 환술의 변화가 삶과 죽음과 다르지 않다는 것을 알아야만 비로소 환술을 배울 수가 있게 되지.』

나와 당신도 역시 환상(幻想)이거늘, 어찌 반드시 배워야만 되겠소?」

노성자는 돌아가 윤문 선생의 말을 따라서 석 달 동안 깊이 생각한 끝에 마침내는 존망(存亡)을 자유로이 하고 사철을 뒤바꾸며, 겨울에 천둥을 일으키고, 여름에 얼음을 만들며, 날아다니는 것들을 걸어다니게 하고, 걸어다니는 것들을 날아다니게 하게 되었다. 그러나 평생을 두고 그의 환술을 드러내지 않았기 때문에 세상에는 전하여지지 않았다.

열자가 말하였다.

「변화를 잘 일으키는 사람은 그 도를 비밀히 사용하여 그의 공은 보통 사람들과 같다. 오제(五帝)의 덕이나 삼왕(三王)의 공은 반드시 모두가 지혜와 용기의 힘은 아니다. 간혹 환술의 변화로 말미암아 성취시켰다는 것을 누가 헤아릴 수 있겠는가?」

老成子學幻於尹文先生, 三年不告. 老成子請其過而求退, 尹文先生揖而進之於室, 屛左右而與之言曰, 昔老聃之徂西也, 顧而告予曰, 有生之氣, 有形之狀, 盡幻也. 造化之所始, 陰陽之所變者, 謂之生, 謂之死. 窮數達變, 因形移易者, 謂之化, 謂之幻. 造物者, 其巧妙, 其功深, 固難窮難終. 因形者其巧顯, 其功淺. 故隨起隨滅, 知幻化之不異生死也, 始可與學幻矣. 吾與汝亦幻也. 奚須學哉?

老成子歸, 用尹文先生之言, 深思三月, 遂能存亡自在, 幡校四時, 冬起雷, 夏造冰, 飛者走, 走者飛. 終身不著其術, 故世莫傳焉.

子列子曰, 善爲化者, 其道密庸, 其功同人. 五帝之德, 三王之功, 未必盡智勇之力, 或由化而成, 孰

測之哉?

- 老成子(노성자) : 성이 老成(노성), 이름은 방(方), 춘추시대 송
  (宋)나라 대부. 저서 10편이 있는데, 황로(黃老)의 도에 입각
  한 것이라 한다.
- 尹文先生(윤문선생) : 전국시대 윤문자(尹文子)인 듯하나 시대
  가 잘 부합되지 않는다. 윤문자는 본시 명가(名家)에 속하는
  사람이지만, 황로(黃老) 사상에도 깊히 접근하였다. 열자의 후
  세 사람이었기 때문에 인물의 연대에 차질이 있는지 모른다.
- 屛(병) : 물리치다.
- 數(수) : 술법(術法), 법칙, 법도.
- 因形者(인형자) : 형체를 근거로 하여 변화하는 것.
- 幡校(번교) : 翻校(번교)와 통하는 말로, 「순서를 뒤바꾸는 것」.
- 密庸(밀용) : 비밀히 사용하다. 슬며시 쓰다.
- 五帝(오제) : 태곳적의 훌륭한 다섯 임금. 황제(黃帝) 전욱(顓
  頊), 제곡(帝嚳), 당요(唐堯), 우순(虞舜)의 다섯 분〔「사기(史
  記)」,「대대례(大戴禮)」〕등.
- 三王(삼왕) : 하(夏)·은(殷)·주(周) 삼왕조를 연 임금, 곧 우
  (禹)·탕(湯)·문무(文武＝文王과 武王).

*인간의 환술(幻術)이란, 바로 자연의 조화(造化)에 의한 생
사(生死)나 자연의 변화와 같다는 것이다. 앞 대목의 서역에서
온 환술사는 주로 목왕을 신유(神遊)케 하는 것이었는데, 진정

한 환술(幻術)의 환(幻)이란 환각(幻覺)이 아니라 바로 조화의 도를 터득하는 것이 된다. 따라서 진정한 환술사는 자기를 드러내지 않고서 변화를 일으키며, 또 사람들은 그 변화가 바로 환술임을 깨닫지 못한다.

3.

깨어 있음(覺)에는 여덟 가지 징험이 있고, 꿈꿈(夢)에는 여섯 가지 징후가 있다.

무엇을 여덟 가지 징험이라 말하는가? 첫째는 일하는 것, 둘째는 작위(作爲=행동하는 것), 셋째는 얻는 것, 넷째는 잃는 것, 다섯째는 슬픈 것, 여섯째는 즐거운 것, 일곱째는 사는 것, 여덟째는 죽는 것이다. 이러한 여덟 가지 징험은 형체들이 접촉하는 것이다.

무엇을 여섯 가지 징후라 말하는가? 첫째는 올바른 꿈, 둘째는 놀라는 꿈, 셋째는 생각에 의한 꿈, 넷째는 깨어가며 꾸는 꿈, 다섯째는 기쁜 꿈, 여섯째는 두려운 꿈이다. 이러한 여섯 가지 징후는 정신이 교접(交接)하는 것이다.

감각과 변화가 일어나는 것을 알지 못하는 사람은 일에 부딪치면, 곧 그것이 그렇게 된 이유에 미혹되게 된다. 감각과 변화가 일어나는 것을 아는 사람은 일에 부딪치면, 곧 그것이 그렇게 된 이유를 알게 된다. 그것이 그렇게 된 이유를 안다면, 곧 놀라는 일이 없을 것이다.

한 물체가 차고, 비고, 없어지고 생기는 것은, 모두가 하늘과 땅으로 통하고 여러 가지 물건에 응험(應驗)된다. 그러므로 음기(陰氣)가 장성(壯盛)하면, 곧 큰 물을 건너면서 두려워하는 꿈을 꾼다. 양기(陽氣)가 장성(壯盛)하면, 곧 큰 불을 건너면서 데는 꿈을 꾼다. 음양이 모두 장성하면, 곧 살려주거나 죽이는 꿈을 꾼다.

매우 배부르면 곧 주는 꿈을 꾸고, 매우 배고프면 곧 탈취하는 꿈을 꾼다. 그러므로 들뜨고 허한 때문에 병이 된 사람은 떠오르는 꿈을 꾼다. 가라앉고 실한 때문에 병이 된 사람은 곧 물에 빠져 죽는 꿈을 꾼다. 허리띠를 깔고 자면 곧 뱀꿈을 꾼다. 나는 새가 머리털을 물면 곧 날아다니는 꿈을 꾼다. 날씨가 음산해질 듯하면 불을 꿈꾸고, 병이 나려 할 때에는 먹는 꿈을 꾼다. 꿈에 술 마시는 사람은 근심하게 되고, 꿈에 노래하고 춤추는 사람은 통곡을 하게 된다.

열자가 말하였다.

「정신이 만나면 꿈이 되고, 형체가 접촉하면 일하는

게 된다. 그러므로 낮에는 생각하고 밤에는 꿈을 꾸는데, 정신과 형체가 만나기 때문이다. 그러므로 정신이 안정된 사람은 생각과 꿈이 스스로 없어진다. 진실로 깨어 있으면 말하지 아니하고, 진실로 꿈꾼다면 이치에 통하지 않는 법인데, 물건의 변화가 왕래하는 것이기 때문이다. 옛날의 참된 사람(眞人)은 그가 깨어 있다 해도 스스로를 잊고 그가 잠잔다 해도 꿈꾸지 않는다 했는데, 어찌 헛된 말이겠는가?」

覺有八徵, 夢有六候. 奚謂八徵? 一曰故, 二曰爲, 三曰得, 四曰喪, 五曰哀, 六曰樂, 七曰生, 八曰死. 此者八徵, 形所接也.

奚謂六候? 一曰正夢, 二曰蘁夢, 三曰思夢, 四曰寤夢, 五曰喜夢, 六曰懼夢. 此六者, 神所交也.

不識感變之所起者, 事至則惑其所由然. 識感變之所起者, 事至則知其所由然. 知其所由然, 則無所怛.

一體之盈虛消息, 皆通於天地, 應於物類. 故陰氣壯, 則夢涉大水而恐懼. 陽氣壯, 則夢涉大火而燔焫, 陰陽俱壯, 則夢生殺.

甚飽則夢與, 甚飢則夢取. 是以以浮虛爲疾者, 則

夢揚. 以沈實爲疾者, 則夢溺. 藉帶而寢, 則夢蛇. 飛
鳥銜髮,

　則夢飛. 將陰夢火, 將疾夢食. 飲酒者憂, 歌儛者
哭.

　子列子曰, 神遇爲夢, 形接爲事. 故晝想夜夢, 神
形所遇 故神凝者, 想夢自消. 信覺不語, 信夢不達,
物化之往來者也. 古之眞人, 其覺自忘, 其寢不夢,
幾虛語哉?

- 覺(각) : 잠자지 않고 깨어 있는 것.
- 徵(징) : 징험(徵驗).
- 候(후) : 징후(徵候).
- 故(고) : 일하는 것(張湛說).
- 爲(위) : 작위(作爲). 일부러 하는 행동.
- 正夢(정몽) : 올바른 꿈. 보통 꿈.
- 薑夢(악몽) : 薑은 愕(악)과 통하여,「놀라는 꿈」.
- 思夢(사몽) : 어떤 일을 골똘히 생각함으로써 꾸게 되는 꿈.
- 寤夢(오몽) : 잠이 깨어가면서 꾸는 꿈.
- 感變(감변) : 정신이 물건을 접하여 감각하는 것과 형체가 물
  건을 접하여 변화하는 것.
- 所由然(소유연) : 그렇게 되어 있는 까닭.
- 怛(달) : 놀라는 것.

- 消息(소식) : 소멸되는 것과 생겨나는 것.
- 燔炳(번열) : 불에 데는 것.
- 揚(양) : 공중으로 떠오르는 것.
- 藉帶(자대) : 허리띠를 아래 까는 것.
- 儛(무) : 舞(무)와 같은 자로, 「춤추는 것」.
- 神凝(신응) : 정신이 안정되는 것.
- 信(신) : 정말. 진실로.
- 達(달) : 참된 원리로 통달하는 것.
- 物化之往來(물화지왕래) : 깨어 있고 꿈꾸는 것이 물건이 서로 변하여 이편 저편으로 왔다 갔다 하는 거나 같다는 말이다.
- 幾(기) : 豈(기)의 뜻, 곧 「어찌」.

＊여기서는 꿈과 생시의 경계를 논하고 있다. 생시의 깨어 있을 때의 일이란 육체의 활동을 수반하지만, 꿈은 정신적인 활동에 그친다. 그러나 깨어 있을 때나 꿈꾸는 일이나 모두 밖의 물건의 변화에 접하여 일어나는 것임은 같다. 따라서 어느 편이 참되고, 어느 편이 허망된 것이라고 단정할 수는 없다. 참된 사람(眞人)이 꿈과 생시를 초월하는 이유가 여기에 있다. 참된 사람은 깨어 있다 해도 세상일에 집착하는 법이 없고, 잠을 잔다 하더라도 꿈꾸는 일이 없다. 깨어서는 스스로를 잊고 있는 듯하고, 꿈을 꾸려 해도 물건의 변화에 따라 함께 변화할 뿐이니 꿈이 꾸어지지 않는다.

4.

서극(西極)의 남쪽 모서리에 한 나라가 있었다. 그 경계가 접하고 있는 곳은 어디인지 알지 못하지만 이름을 고망의 나라(古莽之國)라 불렀다. 음양(陰陽)의 기운이 교접되지 않는 곳이기 때문에 추위와 더위가 구별되지 않았다. 해와 달의 빛이 비추지 않는 곳이기 때문에 낮과 밤이 분별되지 않았다.

그 나라 백성들은 먹지도 않고 입지도 않고 잠을 많이 잤는데, 50일에 한 번 깨어날 정도였다. 그들은 꿈속에서 한 일들을 사실로 여기고 깨어나서 본 것들을 허망된 것으로 여겼다.

사방이 바다인 중간 지방을 중앙의 나라(中央之國)라 불렀다. 황하(黃河)의 남북에 걸쳐 있고, 태산(泰山)의 동서로 뻗쳐 만여 리의 넓은 나라였다. 그곳은 음양의 구별에 법도가 있었으므로 한 번 추웠다 한 번 더웠다 하였다. 어둡고 밝은 분별이 뚜렷했기 때문에 한 번은 낮이었다, 한 번은 밤이었다 하였다.

그곳 백성들에는 지혜 있는 이도 있고 어리석은 이도 있었으며, 만물이 자라나고 번식하고 사람들은 재예(才藝)를 여러 가지를 지니고 있었다. 임금과 신하가 있어

서로 신분을 가지고 대하고 예법이 있어 서로 법도를 따라 접촉하였다. 그들이 말하고 행동하는 것은 헤아리거나 잴 수가 없었다. 한 번은 깨었다 한 번은 잠을 잤다 하는데, 깨어서 행동한 것은 사실이고, 꿈속에 본 것은 허망된 것이라 생각하였다.

동극(東極)의 북쪽 모퉁이에 한 나라가 있었는데, 부락의 나라(阜落之國)라 불렀다. 그곳 땅 기운은 언제나 따스하고, 해와 달의 여광(餘光)이 그 땅을 비추고 있어서 좋은 곡식은 자라지 않았다.

그곳 백성들은 풀뿌리와 나무 열매를 먹었으며 불에 익혀 먹을 줄을 몰랐다. 성격이 강하고 사나웠으며 강한 자와 약한 자들이 서로 넘보며 승리는 귀하게 여기지만 의로움은 존중하지 않았다. 달리고 걸어다니기를 많이 하여 휴식은 적게 하면서 언제나 깨어 있기만 하고 잠을 자지 않았다.

西極之南隅, 有國焉. 不知境界之所接, 名古莽之國. 陰陽之氣所不交, 故寒暑亡辨. 日月之光所不照, 故晝夜亡辨. 其民不食不衣, 而多眠, 五旬一覺. 以夢中所爲者實, 覺之所見者妄.

四海之齊, 謂中央之國. 跨河南北, 越岱東西, 萬
有餘里. 其陰陽之審度, 故一寒一暑. 昏明之分察,
故一晝一夜.

其民有智有愚, 萬物滋殖, 才藝多方. 君臣相臨,
禮法相持. 其所云爲, 不可稱計. 一覺一寐, 以爲覺
之所爲者實, 夢之所見者妄.

東極之北隅有國, 曰阜落之國. 其土氣常燠, 日月
餘光之照其土, 不生嘉苗.

其民食草根木實, 不知火食. 性剛悍, 彊弱相藉,
貴勝而不尚義. 多馳步, 少休息, 常覺而不眠.

- 亡辨(무변) : 분별없다. 분별이 되지 않는다.
- 五旬(오순) : 오십 일.
- 齊(제) : 한가운데.
- 跨河(과하) : 황하에 걸쳐 있다.
- 岱(대) : 태산(泰山)의 별명. 중국의 오악(五嶽) 중의 하나이며,
  지금의 산동성(山東省) 태안현(泰安縣) 북쪽에 있다.
- 燠(욱) : 따스함.
- 嘉苗(가묘) : 좋은 곡식. 좋은 곡식 싹.
- 悍(한) : 사나움. 독살스러움.
- 藉(자) : 넘보다. 깔고 뭉개다.

*꿈을 사실로 아는 고망의 나라(古莽之國)나 잠을 자지 않는 부락의 나라(阜落之國)는 모두가 우언(寓言)이다. 보통 사람들은 깨어서 활동하기도 하고 잠을 자다가 꿈도 꾸지만, 꿈과 현실의 한계는 모호하다는 것이다. 꿈을 사실로 여길 수도 있고 꿈을 부정할 수도 있다. 열자의 이러한 꿈의 생각은「장자(莊子)」에 이르러는 유명한「나비의 꿈(胡蝶夢)」으로 발전한다. 장자가 꿈에 나비가 되어 꽃밭을 훨훨 날아다니는 꿈을 꾸었었다. 장자는 꿈에서 깨어나 생각하기를, 자기가 나비의 꿈을 꾸고 있는지? 반대로 나비가 자기의 꿈을 꾸고 있는지 알 수 없다고 했다. 깨어 있는게 참된 것일 수 있듯이, 꿈꾸는 것도 참된 것일 수 있기 때문이다.

5.

　주(周)나라의 윤씨(尹氏)란 사람은 재산을 크게 다스리어 그의 밑에서 일하는 사람들은 아침 저녁없이 쉬지를 못하였다. 한 늙은 일꾼이 있었는데, 근력(筋力)이 다했으되 그를 위해 더욱 부지런히 일하였다. 낮에는 곧 신음하면서도 일을 하고, 밤이면 곧 멍하고 지쳐서 깊은 잠이 들었다. 그는 정신이 크게 흩어져 밤마다 나라의 임금이 되는 꿈을 꾸어 백성들 윗자리에서 한 나라의 일들을 총괄(總括)하였다. 궁전에서 놀고 잔치하고 바라는 일을 멋대로 하여 그의 즐거움은 비길 데가 없었다. 깨어나면 곧 다시 일을 하였다.

어떤 사람이 그의 노고(勞苦)를 위로하자, 그 일꾼은 말했다.

「인생은 백 년이라지만 낮과 밤으로 나누어집니다. 나는 낮이면 하인이 되어 고생할 만큼 고생을 하지만, 밤이면 나라의 임금이 되어 그 즐거움은 비길 데가 없으니, 무엇을 원망할 게 있겠습니까?」

윤씨는 마음으론 세상 일을 경영(經營)하고, 생각은 집안 일에 집중되어 있었다. 마음과 몸이 다 같이 피로하여 밤이면 역시 멍하니 지쳐서 잠을 잤는데, 밤마다 남의 하인이 되는 꿈을 꾸어 이리저리 뛰어다니면서 일을 하되 하지 않는 일이 없었다. 자주 욕을 먹고 매질을 당하지 않는 일이 없었다. 잠 속에서 헛소리치고 신음을 하다가 아침이 되어야만 그쳤다.

윤씨는 이를 걱정하여 그의 친구를 찾아가 상의하였다.

친구가 말하였다.

「그대의 지위는 일신을 영화롭게 하기에 충분하고 재

산은 여유가 있으며 다른 사람들보다 훨씬 좋소. 밤에는 하인이 되는 꿈을 꾸어 괴로움과 편안함이 반복되고 있다는 것은 정상적인 법칙이오. 그대가 깨어 있을 때와 꿈 꿀 때를 아울러 편안함을 누리려 한다 하더라도 어찌 될 수가 있겠소?」

윤씨는 그의 친구의 말을 듣고 그의 일꾼들의 할 일을 너그러이 해주고, 그의 생각하고 걱정하던 일들을 줄였는데, 그러자 병이 모두 나았다.

周之尹氏大治産, 其下趣役者, 侵晨昏而弗息. 有老役夫, 筋力竭矣, 而使之彌勤, 晝則呻呼而卽事, 夜則昏憊而熟寐. 精神荒散, 昔昔夢爲國君, 居人民之上, 總一國之事. 遊燕宮觀, 恣意所欲, 其樂無比. 覺則復役.

人有慰喩其勤者, 役夫曰, 人生百年, 晝夜各分. 吾晝爲僕虜, 苦則苦矣, 夜爲人君, 其樂無比, 何所怨哉?

尹氏心營世事, 慮鍾家業, 心形俱疲, 夜亦昏憊而寐, 昔昔夢爲人僕, 趨走作役, 無不爲也. 數罵杖撻, 無不至也. 眠中唫囈呻呼, 徹旦息焉.

尹氏病之, 以訪其友, 友曰, 若位足榮身, 資財有
餘, 勝人遠矣. 夜夢爲僕, 苦逸之復, 數之常也. 若欲
覺夢兼之, 豈可得邪?

尹氏聞其友言, 寬其役夫之程, 減己思慮之事, 疾
竝少閒.

- 趣役(취역) : 뛰어다니며 일하는 것.
- 侵晨昏(침신혼) : 아침과 저녁을 침범하며, 곧 아침 저녁 없이.
- 彌(미) : 더욱.
- 呻呼(신호) : 신음(呻吟)하다.
- 昏憊(혼비) : 정신은 멍해지고, 몸은 지치는 것.
- 昔昔(석석) : 夜夜(야야), 밤마다.
- 遊燕(유연) : 놀고 잔치하고 하는 것.
- 慰喩(위유) : 위로하는 말을 하는 것.
- 懃(근) : 노고. 고달픔.
- 慮鍾(여종) : 생각이 모이다.
- 數罵(삭매) : 자주 욕먹다. 자주 꾸지람을 듣다.
- 杖撻(장달) : 매를 맞다.
- 喑囈(암예) : 잠꼬대하다. 잠자며 헛소리하다.
- 徹旦(철단) : 아침이 되는 것.
- 數之常(수지상) : 법도로서는 정상적인 것.
- 程(정) : 일정(日程). 과정(課程). 할 일.
- 閒(한) : 병이 낫는 것.

＊사람의 일생은 다시 밤과 낮의 둘로 갈라진다. 따라서 깨어서는 하인이지만, 잠의 꿈에서는 나라의 임금이 되는 사람은 그대로 즐거움을 누리며 만족할 수 있다. 반대로 윤씨처럼 부귀영화를 누리는 사람이라 하더라도 밤마다 하인 노릇하는 꿈을 꾼다면, 이것 또한 불행한 일이다. 따라서 사람이란 깨어 있는 것과 꿈꾸는 경계(境界)를 초연히 넘어설 줄 알아야 한다. 꿈에서나 깨어나서나 괴로움과 즐거움은 사람에게 동등한 것이다.

6.

정(鄭)나라에 어떤 사람이 들에서 나무를 하다가 놀란 사슴을 만나, 이를 맞아 때려서 그것을 잡았다. 그는 남이 그것을 볼까 두려워서 엉겁결에 구덩이 속에 감추어 놓고서 그것을 나무섶으로 덮었다. 그는 기쁨을 이기지 못하고 있다가 갑자기 그가 감추어 둔 곳을 잊어버렸다. 마침내 그는 꿈이었다고 생각하면서 길을 걸으면서 그 일을 중얼거렸다.

곁에 한 사람이 그것을 듣고서 그의 말을 따라 사슴을 찾아냈다.

그는 돌아와서 그의 집사람에게 말하였다.

「조금 전에 나무꾼이 사슴을 잡은 꿈을 꾸었는데, 그 장소를 알지 못하겠다고 하였는데, 나는 지금 그의 말을 따라 사슴을 주워왔소. 그는 바로 진실한 꿈을 꾸는 사람일 것이오.」

집사람이 말했다.

「당신이 나무꾼이 사슴을 잡은 꿈을 꾼 것이 아닐까요? 어찌 그런 나무꾼이 있겠어요? 지금 정말로 사슴을 찾아왔으니, 당신의 꿈이 진실된 것이지요.」

남편이 말했다.

「내가 그 사람의 말을 근거로 하여 사슴을 얻었는데, 그의 꿈이 나의 꿈임을 어떻게 알겠는가?」

나무꾼은 사슴을 잃은 것을 잊지 않고 있다가 그날 밤에 정말로 그것을 감추어 두었던 곳을 꿈꾸고, 다시 그것을 가져간 주인공에 대하여 꿈꾸었다. 날이 밝자 꿈꾼 것을 따라 찾아가 그를 만났다. 마침내는 소송을 하여 사슴을 두고 다투게 되어 그 사건이 사사(士師)에게로 넘어갔다.

사사가 말했다.

「그대는 처음에 정말로 사슴을 잡았으면서도 함부로 그것을 꿈이라 말하였었다. 정말로 사슴을 잡은 꿈을 꾸었을 때에는 함부로 그것을 사실이라고 여겼다. 저 사람은 정말로 그대의 사슴을 가졌으면서도 그대와 사슴을 두고 다투게 되었다. 집사람은 또 꿈에 남이 사슴을 잡아 놓은 것을 알게 되었으나 남이 사슴을 잡은 일이 없을 거라고 말하였다. 지금 이 사슴이 있다는 것에 의거하여 이것을 둘로 나누어갖기로 하게.」

그것을 정나라 임금이 이 말을 듣고 말했다.

「아아! 사사는 다시 꿈에 남에게 사슴을 나누어준 것일 게다.」

이에 대하여 재상에게 묻자, 재상이 아뢰었다.

「꿈을 꾸었는지 꾸지 않았는지 저로서는 분별할 수 없는 일입니다. 생시의 일인지 꿈속의 일이었는지를 분별하실 수 있는 분은 오직 황제(黃帝)나 공자(孔子) 같은 분이나 알 것입니다. 지금은 황제도 공자도 없는데, 누가 그것을 분별할 수가 있겠습니까? 그러니 사사의 말을 따르는 것이 좋을 줄로 압니다.」

鄭人有薪於野者, 遇駭鹿, 御而擊之, 斃之. 恐人見之也, 遽而藏諸隍中, 覆之以蕉. 不勝其喜, 俄而遺其所藏之處, 遂以爲夢焉, 順塗而詠其事.

傍人有聞者, 用其言而取之. 旣歸, 告其室人曰,
向薪者夢得鹿而不知其處, 吾今得之. 彼直眞夢者
矣.

室人曰, 若將是夢見薪者之得鹿邪? 詎有薪者邪?
今眞得鹿, 是若之夢眞邪? 夫曰, 吾據得鹿, 何用知
彼夢我夢邪?

薪者之歸, 不厭失鹿, 其夜眞夢藏之之處, 又夢得
之之主. 爽旦案所夢而尋得之, 遂訟而爭之, 歸之士
師.

士師曰, 若初眞得鹿, 妄謂之夢. 眞夢得鹿, 妄謂
之實.

彼眞取若鹿. 而與若爭鹿. 室人又謂夢認人鹿, 無
人得鹿.

今據有此鹿, 請二分之.

以聞鄭君, 鄭君曰, 嘻! 士師將復夢分人鹿乎. 訪
之國相, 國相曰, 夢與不夢, 臣所不能辨也. 欲辨覺
夢, 唯黃帝孔丘. 今亡黃帝孔丘, 孰辨之哉? 且徇士
師之言可也.

・薪(신) : 땔나무. 나무를 하다.

- 駭鹿(해록) : 놀란 사슴.
- 御(어) : 맞다.
- 斃(폐) : 죽다. 죽이다.
- 遽(거) : 허겁지겁. 얼떨결에.
- 隍(황) : 흙구덩이.
- 蕉(초) : 나무섶. 풀섶.
- 詠(영) : 외다. 중얼거리다.
- 室人(실인) : 집사람. 부인. 처.
- 詎(거) : 어찌.
- 不厭(불염) : 싫증내지 않다. 잊지 않다. 단념치 않다.
- 爽旦(상단) : 날이 새다. 날이 밝다.
- 士師(사사) : 법을 관장하는 관리.
- 徇(순) : 따르다. 쫓다.

＊사람의 의식(意識)에 있어서는 본질적으로 깨어있다는 것과 꿈꾼다는 것에 구별이 있을 수 없다. 사람의 정신은 밖의 물건에 호응하여 무엇을 알게도 되고 꿈을 꾸게도 된다. 따라서 어떤 경우에는 꿈과 생시의 한계가 흐려진다. 황제나 공자 같은 성인(聖人)이 아니면 이러한 깨어있을 적과 꿈의 한계를 분명히 인식하기 어렵다. 우리는 이러한 깨어있을 때와 꿈꿀 때의 한계에 대하여 초연하도록 노력하는 수밖에 없을 것이다.

7.

송(宋)나라 양리(陽里)에 사는 화자(華子)는 중년에 건망증이 생기어 아침에 취(取)하고서도 저녁이면 잊고, 저녁에 준 것을 아침이면 잊었다. 길에서는 가는 것을 잊었고, 방에서는 앉을 것을 잊었었다. 지금은 먼저 일을 알지 못하였고, 뒤에는 지금을 알지 못하였다.

온 집안이 이를 걱정하여 점쟁이를 찾아가 점을 쳐보았으나 점괘(占卦)가 나오지 않았고, 무당을 찾아가 빌어보았으나 멎지 않았고, 의사를 찾아가 고치려 했으나 치료되지 않았다.

노(魯)나라의 한 유생(儒生)이 자청하여 그것을 고칠 수 있다고 하였다. 화자의 처자들은 그들 집 재산의 반을 내어 놓고 그의 처방을 요청하였다.

유생이 말했다.

「이것은 본시 점괘로서 점쳐질 수 있는 것도 아니고, 기도하는 것으로서 효험이 있을 것도 아니고, 약이나 침으로서 치료할 수 있는 것도 아닙니다. 저는 시험 삼아 그의 마음을 변화시키고 그의 생각을 변경시키려 하는데, 아마 치료될 것입니다.」

이에 시험 삼아 그를 벗기어 놓으니 옷을 찾았고, 그를 굶기어 놓으니 먹을 것을 찾았으며, 그를 가두어 놓으니 밝은 것을 찾았다.

유생은 기쁜 듯이 그의 아들에게 말했다.

「병은 나을 수가 있습니다. 그러나 나의 처방은 세상에 전하여지는 것을 비밀로 하고 있어 남에게 그것을 알리지 않고 있습니다. 시험 삼아 좌우의 사람들을 물리쳐 주어 독방에서 7일 동안 함께 지내게 하여 주십시오.」

그 말을 따랐으나 그가 하는 짓은 알 수가 없었다. 그러나 여러 해 끌어온 병이 하루 아침에 깨끗이 나아 버렸다.

화자는 깨닫게 된 뒤에는 곧 크게 노하여 처를 내쫓고 자식들을 벌하였으며 창을 들고 유생을 쫓아 보내었다. 송(宋)나라 사람이 그를 붙들고 그 까닭을 물었더니, 화자가 말했다.

「전에 내가 잊고 있을 때에는 아득히 하늘과 땅이 있는지 없는지도 깨닫지 못하였었습니다. 지금 갑자기 알게 되니 지난 수십 년 이래의 잘된 것과 망한 것, 옳게 된 것과 잘못된 것, 슬픔과 즐거움, 좋아하는 것과 싫어하는 것 등 여러 가지 많은 생각의 실마리가 일어나게 되었습니다. 나는 장래에 잘된 것과 망한 것, 옳게 된 것과 잘못된 것, 슬픔과 즐거움, 좋아하는 것과 싫어하는 것 등이 나의 마음을 이처럼 어지럽히게 될까 두렵습니다. 잠깐 사이의 망각(忘却)을 다시 얻게 될 수가 있을까요?」

자공(子貢)이 듣고서 그것을 괴이하게 생각하여 공자에게 아뢰었다.

공자가 말했다.

「이것은 네가 알 일이 못된다.」

그리고 뒤돌아보며 안회(顔回)에겐 그것을 기록해두라고 말했다.

宋陽里華子, 中年病忘, 朝取而夕忘, 夕與而朝忘. 在塗則忘行, 在室則忘坐. 今不識先, 後不識今.

閤室毒之, 謁史而卜之, 弗占. 謁巫而禱之, 弗禁. 謁醫而攻之, 弗已.

魯有儒生, 自媒能治之. 華子之妻子, 以居産之半請其方.

儒生曰, 此固非卦兆之所占, 非祈請之所禱, 非藥石之所攻. 吾試化其心, 變其慮, 庶幾其瘳乎.

於是試露之而求衣, 飢之而求食, 幽之而求明. 儒生欣然告其子曰, 疾可已也. 然吾之方, 密傳世, 不

以告人. 試屛左右, 獨與居室七日.

從之, 莫知其所施爲也, 而積年之疾, 一朝都除.

華子旣悟, 迺大怒, 黜妻罰子, 操戈逐儒生. 宋人
執以問其以, 華子曰, 曩吾忘也, 蕩蕩然不覺天地之
有無. 今頓識, 旣往數十年來存亡得失, 哀樂好惡,
擾擾萬緒起矣. 吾恐將來之存亡得失, 哀樂好惡之亂
吾心如此也. 須臾之忘, 可復得乎?

子貢聞而怪之, 以告孔子. 孔子曰, 此非汝所及乎!
顧謂顏回紀之.

- 陽里(양리) : 송(宋)나라에 있는 땅 이름.
- 病忘(병망) : 잊는 병에 걸리다. 건망증이 생기다.
- 闔室(합실) : 온 집안 사람.
- 毒之(독지) : 그것을 괴롭게 여기다. 그것을 걱정하다.
- 史(사) : 점쟁이.
- 弗占(불점) : 점괘(占卦)가 나오지 않다. 점이 쳐지지 않다.
- 禱(도) : 빌다. 푸닥거리를 하다.
- 藥石(약석) : 약과 석침(石針).
- 攻(공) : 치료하다.
- 露(로) : 몸을 노출시킴. 옷을 벗기다.
- 幽(유) : 어두운 곳에 가둬둠. 유폐(幽閉)함.
- 方(방) : 처방(處方). 병 고치는 방법.

- 操戈(조과) : 창을 들고, 창을 잡고서.
- 以(이) : 까닭. 원인.
- 蕩蕩然(탕탕연) : 광대한 모양. 아득한 것.
- 頓(돈) : 갑자기.
- 擾擾(요요) : 잡다한 모양. 번거로운 모양.
- 萬緖(만서) : 만 가지 생각의 실마리.
- 須臾(수유) : 잠깐 동안. 짧은 시간.
- 紀(기) : 기록하다. 記(기)와 통하는 글자.

＊사람은 인간 사회에 대하여 초연해야 한다. 초연하지 못할 위인이라면 차라리 이곳에 나오는 화자(華子)처럼 철저한 건망증에라도 걸려 있는 게 좋다는 것이다. 일단 철저한 건망증에 걸리기만 하면 여러 가지 감정이나 욕망을 잊음으로써, 그런 데로부터 초연할 수 있기 때문이다. 건망증은 병일망정 열자가 주장하는 망아(忘我) 또는 망정(忘情), 무심(無心)의 경지에 가깝기 때문이다.

8.

진(秦)나라 사람 봉씨(逢氏)에게 아들이 있었다. 젊어서는 지혜로웠는데 장성함에 이르러 정신착란증이 생겼다. 노래하는 것을 듣고서는 통곡하는 것이라 생각하고,

흰 것을 보고서는 검은 것이라 생각하고, 향기로운 냄새를 맡고서는 썩은 냄새라 생각하고, 단것을 먹어 보고서는 쓴 것이라 생각하고, 그릇된 일을 행하고서는 옳은 일이라 생각하였다. 그의 뜻이 가는 곳이란 바로 하늘과 땅의 사방이어서 물, 불과 추위, 더위까지도 도착(倒錯)되지 않는 것이 없었다.

양씨(楊氏)가 그의 아버지에게 말했다.

「노(魯)나라의 군자들은 지닌 재주가 많다니 고쳐줄 수도 있을 것입니다. 당신은 어째서 찾아가지 않으십니까?」

그의 아버지는 노나라로 가는 도중 진(陳)나라를 지나다가 노자(老子)를 만났다.

그가 자기 아들의 증세를 얘기하자, 노자는 말했다.

「당신은 어떻게 당신 아들이 착란되었음을 아오? 지금 천하의 사람들은 모두가 옳고 그른 판단에 착란되어 있고 이로움과 해로움에 혼미(昏迷)되어 있소. 같은 병에 걸린 자들이 많으니까 그대로 병을 깨닫는 자도 없소. 그런데 한 몸의 착란은 한 집안을 멸망시킬 만한 것은 못되오. 한 집안의 착란은 한 고을을 멸망시킬 만한 것은 못되오. 한 고을의 착란은 한 나라를 멸망시킬 만한 것이 못되오. 한 나라의 착란은 온 천하를 멸망시킬 만한 것이 못되오. 온 천하가 모두 착란되어 있다면 누가 그것을 멸망케 하겠소? 전에 천하 사람들로 하여금 그 마음이 모두 당신의 아들 같았다고 한다면, 바로 당신이 오히려 착란을 일으키고 있는 게 되오. 슬픔과 즐거움, 소리와 빛깔, 냄새와 맛, 옳은 것과 그른 것을 누가 바로잡을 수가 있겠소? 또한 나의 말이라 하더라도 반드시 착란되지 않은 것이라 할 수는 없소. 그러니 하물며 노나라의 군자들이야 어떻겠소? 착란이 심한 자가 어찌 남의 착란을 풀어줄 수가 있겠소? 당신이 지닌 양식을 버리고서 즉시 돌아가는 게 좋을 듯하오.」

秦人逢氏有子, 少而惠, 及壯而有迷罔之疾. 聞歌以爲哭, 視白以爲黑, 饗香以爲朽, 嘗甘以爲苦, 行非以爲是. 意之所之, 天地四方, 水火寒署, 無不倒錯者焉.

楊氏告其父曰, 魯之君子多術藝, 將能已乎. 汝奚不訪焉? 其父之魯, 過陳, 過老耼. 因告其子之證, 老耼曰, 汝庸知汝子之迷乎? 今天下之人, 皆惑於是非, 昏於利害, 同疾者多, 固莫有覺者. 且一身之迷,

不足傾一家. 一家之迷, 不足傾一鄉. 一鄉之迷, 不
足傾一國, 一國之迷, 不足傾天下. 天下盡迷, 孰傾
之哉? 向使天下之人, 其心盡如汝子, 汝則反迷矣.
哀樂聲色, 臭味是非, 孰能正之? 且吾之言, 未必非
迷, 而況魯之君子? 迷之郵者, 焉能解人之迷哉? 榮
汝之糧, 不若遄歸也.

- 惠(혜) : 慧(혜)와 통하여, 「지혜가 있는 것」 뒤의 迷(미)의 반
  대.
- 迷罔之疾(미망지질) : 멋대로 미혹되는 병, 곧 정신착란증.
- 其父(기부) : 정신착란증이 걸린 사람의 아버지.
- 魯之君子(노지군자) : 노나라의 군자. 공자(孔子)를 비롯한 유
  가(儒家)들을 가리킨다.
- 庸(용) : 어찌.
- 傾(경) : 기울어뜨리다. 멸망시키다.
- 郵者(우자) : 郵는 尤(우)와 통하여, 「더한 자」, 「심한 자」.
- 榮(영) : 버리다. 棄(기)의 뜻(張湛說). 荷(하)의 뜻으로 보고,
  짊어진다고 풀이하기도 한다.
- 遄(천) : 빨리. 즉시.

*사람의 지각이란 믿을 수가 없는 것이다. 세상에서 한 사
람의 판단 기준이 다르면 그 사람을 정신착란이라 규정하지만

실은 온 세상이 착란을 일으키고 있는 것인지, 그 한 사람만이 착란을 일으키고 있는 것인지 알 길이 없다. 세상 사람들이 옳고 그른 판단을 그르치고 있고, 또 명리(名利)에 끌리어 착란을 일으키고 있는 것을 보면, 다른 경우에 있어서도 온 세상 사람들이 모두 착란을 일으키고 있을 가능성은 언제나 있다는 것이다.

9.

연(燕)나라 사람이 연나라에 나서는 초(楚)나라로 가서 자라났다. 늙음에 이르러 자기 나라로 돌아가게 되었다. 진(晉)나라를 지나면서 함께 가던 자가 그를 속였다.

성(城)을 가리키면서 「이것이 연나라의 성이오.」하니, 그 사람은 슬픈 듯이 얼굴빛이 변하였다. 사당(祠堂)을 가리키면서 「이것이 당신 마을의 사당이오.」하니, 곧 길게 탄식을 하였다. 집을 가리키면서 「이것이 당신 선인(先人)의 움막이오.」하니, 곧 줄줄 눈물을 흘리며 울었다. 무덤을 가리키면서 「이것이 당신 선인의 묘요.」하니, 그 사람은 스스로도 어쩔 수 없이 통곡을 하였다.

함께 가던 사람이 크게 웃으면서 말했다.

「내가 방금 당신을 속였었소. 이곳은 진나라요.」

그 사람은 크게 부끄러워하였다. 연나라에 도착하여

서는 정말로 연나라의 성과 사당을 보았고, 진짜 선인의 움막과 무덤을 보았지만 슬픈 마음이 훨씬 적었었다.

燕人生於燕, 長於楚. 及老而還本國, 過晉國, 同行者誑之, 指城曰, 此燕國之城. 其人愀然變容. 指社曰, 此若里之社. 乃喟然而歎. 指舍曰, 此若先人之廬. 乃涓然而泣. 指壟曰, 此若先人之冢. 其人哭不自禁.

同行者啞然大笑曰, 予昔紿若. 此晉國耳. 其人大慙. 及至燕, 眞見燕國之城社, 眞見先人之廬家, 悲心更微.

- 誑(광) : 속이다.
- 愀然(초연) : 슬퍼서 얼굴빛이 변하는 모양.
- 社(사) : 마을의 토신(土神)을 제사 지내는 사당.
- 喟然(위연) : 길게 탄식하는 모양.
- 涓然(연연) : 눈물을 줄줄 흘리는 모양.
- 壟(농) : 무덤의 봉분(封墳).
- 啞然(액연) : 크게 웃는 모양.
- 紿(태) : 속이다.
- 慙(참) : 부끄러워하다.

＊사람의 감정은 일정한 게 못된다. 다만 외부의 어떤 자극에 의하여 변할 따름이다. 똑같은 자극이라 하더라도 그것이 똑같은 감정을 사람의 가슴에 일게 하지 않는다.

이렇게 볼 때 꿈이나 마찬가지로 사람들의 의식이나 감정도 믿을 게 못됨을 알 것이다.

열자

제4권

4. 중니편仲尼篇

이 편에서도 계속 도가로서의 열자의 주장이 계속된다. 덕이
완전한 성인(聖人)은 변통(變通)이 자유롭고, 지극한 사람(至人)은
마음이 텅 비어 있어 말도 없고 지각(知覺)도 없다. 따라서 근심이
없는 것보다는 근심도 즐거움도 모르는 경지, 많이 알고 어질고
의로우며 도를 따르는 것보다는 아무런 작위(作爲)없이 변화하는
게 지극히 바람직한 일이라는 것이다. 따라서 자신의 수양을 통
하여 만물도 없고 자기도 없는 경지에 도달해야 한다. 그러한 성
인은 아무런 마음없이 세상을 다스리게 되며, 그러한 정치는 아
무런 흔적도 남지 않는다. 따라서 자신의 마음을 없애는 게 참된
도를 터득하는 길이라는 것이다.

이러한 요지들이 자세히 논하여지고 있는 이 편의 제명이 「중
니(仲尼)」인 것은, 이 편의 첫 귀 「仲尼閒居(중니한거)」의 첫 두 글
자를 땄기 때문이다.

1.

공자가 한가하게 있을 때 자공(子貢)이 들어와 모시고 있었는데, 근심하는 빛이 있었다. 자공은 감히 물어보지도 못하고 나와서 안회(顔回)에게 말했다.

안회는 그러자 금(琴)을 잡고서 노래를 하였다.

공자는 그것을 듣고서 과연 안회를 불러 들인 다음 물었다.

「그대는 어찌하여 홀로 즐기는가?」

안회가 말했다.

「선생님께선 어찌하여 홀로 근심하고 계십니까?」

공자가 말했다.

「먼저 네 뜻을 말하여라.」

「저는 옛날에 선생님께서 천성(天性)을 즐기며 운명을 알기 때문에 근심하지 않는다고 말씀하시는 것을 들은 일이 있습니다. 저는 그래서 즐거워하고 있습니다.」

공자는 얼굴빛이 핼쑥하게 변해가지고 한참 있다가 말했다.

「그런 말을 하였던가? 너의 생각은 그릇된 것이야. 그 것은 나의 옛날의 말이야. 청컨대, 지금의 말로서 그것을 바로잡기로 하세.

너는 헛되이 천성을 즐기고 운명을 아는 것이 근심 없 다는 것만 알았지, 천성을 즐기고 운명을 안다는 것은 근 심 중에서도 큰 것이 있음을 알지 못하고 있어. 지금 너 에게 그 사실을 얘기해 주려는 게야.

한 몸을 닦고 궁해지던 영달(榮達)하던 거기에 맡기어 살고, 이 세상에서 왔다 갔다 하는 것이 내가 아님을 앎 으로써 마음과 생각에 변화와 혼란이 생기지 않는 것, 이 것이 곧 네가 말하는 천성을 즐기고 운명을 앎으로써 근 심이 없다는 것이야. 전에 나는 시경(詩經)과 서경(書經) 을 닦고 예의와 음악을 바로잡아 그것을 가지고서 천하 를 다스리어 후세에 끼쳐 주려 하였었어. 다만 한 몸을 닦고서 노(魯)나라를 다스릴 뿐만이 아니었지.

그런데 노(魯)나라의 임금과 신하들은 날로 그들의 질 서를 잃어 어짊과 의로움(仁義)이 더욱 쇠퇴하였고 감정과 성격은 더욱 각박해졌어. 그 도(道)가 한 나라와 한 세대에도 행하여지지 않는다면, 천하나 내세(來世)에는 어떠하겠는가? 나는 비로소 시경과 서경이나 예의와 음악이 세상을 다스리는 데 도움이 되지 않는다는 것을 알게 되었어. 그러나 그것을 개혁하는 방법이 될 근거를 찾지 못하고 있었어. 이것이 천성을 즐기고 운명을 아는 자로서 근심하는 일인 것이야.

그렇지만 나는 그것을 터득하고 말았네. 대저 즐기고 안다는 것은 옛사람들이 말한 즐기고 아는 것이 아니야. 즐기는 것도 없고 아는 것도 없는 것이야말로 참된 즐거움이오, 참된 앎이지. 그러므로 즐기지 않는 일이 없게 되고, 알지 못하는 일이 없게 되며, 근심하는 일도 없게 되고, 하지 못하는 일도 없게 되네. 시경과 서경이나 예의와 음악은 어찌 그것을 버릴 수가 있겠는가? 그것을 개혁한들 무엇이 되겠는가?」

안회는 공자에게 두 손 모아 큰절을 하면서 말했다.

「저도 역시 그것을 터득하였습니다.」

나와서 자공에게 얘기하자, 그는 멍하니 자기를 잃었다. 집으로 돌아가 7일 동안이나 깊이 생각하면서 자지도 않고 먹지도 않아서 뼈가 앙상하기에 이르렀다. 안회가 다시 가서 그를 깨우쳐 주자, 그제서야 공자의 문하(門下)로 되돌아왔다. 그리고는 현악기(絃樂器)를 뜯으면서 노래하고 글을 외우는 일을 평생 동안 그치지 않았었다.

仲尼閒居, 子貢入侍, 而有憂色. 子貢不敢問, 出告顔回. 顔回援琴而歌. 孔子聞之, 果召回入, 問曰, 若奚獨樂? 回曰, 夫子奚獨憂? 孔子曰, 先言爾志. 曰, 吾昔聞之夫子曰, 樂天知命, 故不憂, 回所以樂也.

孔子愀然有閒曰, 有是言哉? 汝之意失矣. 此吾昔日之言爾. 請以今言爲正也. 汝徒知樂天知命之無憂, 未知樂天知命有憂之大也. 今告若其實. 脩一身, 任窮達, 知去來之非我, 亡變亂於心慮, 爾之所謂樂天知命之無憂也. 曩吾脩詩書, 正禮樂, 將以治天下, 遺來世, 非但脩一身, 治魯國而已. 而魯之君臣, 日失其序, 仁義益衰, 情性益薄.

此道不行一國與當年, 其如天下與來世矣? 吾始知詩書禮樂無救於治亂, 而未知所以革之之方. 此樂天知命者之所憂.

雖然, 吾得之矣. 夫樂而知者, 非古人之所謂樂知

也. 無樂無知, 是眞樂眞知. 故無所不樂, 無所不知, 無所不憂, 無所不爲. 詩書禮樂, 何棄之有, 革之何爲?

顔回北面拜手曰, 回亦得之矣. 出告子貢, 茫然自失. 歸家淫思七日, 不寢不食, 以至骨立. 顔回重往喩之, 乃反丘門. 絃歌誦書, 終身不輟.

- 窮達(궁달) : 궁지에 몰리는 것과, 뜻대로 잘 되는 것.
- 去來(거래) : 외물(外物)이 눈앞에 변화하고 있는 것. 세상에 왔다 갔다 하다.
- 魯國(노국) : 노나라. 공자의 나라임.
- 當年(당년) : 공자의 시대를 말함.
- 其如(기여) : 그것을 어떻게 하겠는가?
- 樂而知者(낙이지자) : 낙천(樂天)하고 지명(知命)하는 사람. 천성을 즐기고 운명을 아는 사람.
- 北面(북면) : 중국의 옛집은 남향이라 대청의 윗자리에 앉아 있으면 자연히 남쪽을 보게 되고, 그를 뵙는 사람은 북쪽을 향하게 된다.
- 淫思(음사) : 깊이 생각하다.
- 輟(철) : 중지하다. 그치다.

*「낙천지명(樂天知命)」, 곧 「천성을 즐기고 운명을 안다.」는

말은 「역경(易經)」 계사전(繫辭傳)의 말로서, 옛날부터 근심 없이 삶을 즐기는 방법으로 받들여져 왔다. 이 말은 일반적으로 유가뿐만이 아니라 오히려 도가쪽에서 더 잘 받아들여지는 것으로 이해된다. 그러나 열자는 「즐기고 안다」는 작위 또는 의식이 들어가는 행위는 완전한 즐거움이 될 수 없다고 주장한다. 이상적인 경지란, 즐거움도 앎도 없는 경지이다. 그러한 경지에 이르면 완전히 근심이 없어지는 것은 물론 즐거움이나 앎은 물론 모든 행동이 정말로 자유로워진다는 것이다.

2.

진(陳)나라 대부(大夫)가 노(魯)나라 사신으로 가서 사사로이 숙손씨(叔孫氏)를 만났다.

숙손씨가 말했다.

「우리나라에는 성인이 계십니다.」

「공자(孔子)가 아닙니까?」

「그렇습니다.」

「무엇을 가지고 그가 성인인 것을 아십니까?」

숙손씨가 대답했다.

「제가 일찍이 안회(顔回)가 말하는 것을 들은 일이 있는데, 공자는 마음을 버리고 몸을 쓰신다 하더군요.」

진나라 대부가 말했다.

「저의 나라에도 역시 성인이 있는데, 선생님께서도 알고 계신지요?」

「성인이란 누구를 말하는 것입니까?」

「노자(老子)의 제자에 항창자(亢倉子)란 분이 있는데, 노자의 도를 터득하여 제대로 귀로 보고 눈으로 들을 수가 있다고 합니다.」

노나라 임금은 그 얘기를 듣고서 크게 놀라 상경(上卿)을 보내어 두터운 예를 갖추어 가지고 그를 초청하였다. 항창자가 초빙에 응하여 오니, 노나라 임금은 말을 겸손히 쓰면서 보고 듣는 것에 대해 그에게 물었다.

항창자가 대답했다.

「그런 말을 전한 사람의 망발입니다. 저는 보고 듣는데 귀와 눈을 쓰지 않을 수는 있어도 귀와 눈의 작용을 바꾸지는 못합니다.」

노나라 임금이 말했다.

「그렇다면 더욱 이상합니다. 그 도(道)는 어떻게 되는 겁니까? 나는 그것을 끝까지 듣기를 바랍니다.」

항창자가 말했다.

「저의 몸은 마음에 합치(合致)되고, 마음은 기운(氣)에

합치되며, 기운은 정신(神)에 합치되고, 정신은 무(無)에
합치됩니다. 그래서 극히 작은 존재나 극히 가는 소리가
있다면, 그것이 비록 이 세상 밖에 멀리 있거나 속눈썹
안에 가까이 있다 하더라도 와서 저에게 걸리는 것이라
면, 저는 반드시 그것을 압니다. 그렇지만 그것을 저의
이목구비나 손발이 느끼는 것인지, 심장이나 뱃속의 내
장들이 아는 것인지 알지 못합니다. 그것은 자연히 알게
될 따름입니다.」

　노나라 임금은 크게 기뻐하였다. 뒷날 그 얘기를 공자
에게 하자, 공자는 웃기만 하면서 대답하지 않았다.

　陳大夫聘魯, 私見叔孫氏. 叔孫曰, 吾國有聖人.
曰, 非孔丘邪? 曰, 是也. 何以知其聖乎? 叔孫氏曰,
吾常聞之顔回曰, 孔丘能廢心而用形. 陳大夫曰；吾
國亦有聖人,

　子弗知乎? 曰, 聖人孰謂? 曰, 老耼之弟子, 有亢
倉子者, 得耼之道, 能以耳視而目聽.

　魯侯聞之大驚, 使上卿厚禮而致之. 亢倉子應聘而
至, 魯侯卑辭請問之. 亢倉子曰, 傳之者妄. 我能視
聽不用耳目, 不能易耳目之用. 魯侯曰, 此增異矣.

其道奈何? 寡人終願聞之. 亢倉子曰, 我體合於心,
心合於氣, 氣合於神, 神合於無. 其有介然之有, 唯
然之音, 雖遠在八荒之外, 近在眉睫之內, 來干我者,
我必知之. 乃不知是我七孔四支之所覺, 心腹六藏之
所知, 其自知而已矣.

魯侯大悅. 他日以告仲尼, 仲尼笑而不答.

- 聘(빙) : 제후(諸侯)들이 대부를 파견하여 다른 제후에게 문안
  드리게 하는 것.
- 叔孫氏(숙손씨) : 맹손씨(孟孫氏), 계손씨(季孫氏)와 함께 춘추
  시대 노(魯)나라의 세도가(勢道家)로서, 한동안은 노나라 임
  금보다 더한 권세를 누렸다.
- 常(상) : 嘗(상)과 통하여, 「일찍이」.
- 廢心而用形(폐심이용형) : 몸이 세상의 어떤 일을 접하더라도
  마음을 쓰지 않는 것을 뜻함.
- 亢倉子(항창자) : 장잠(張湛)은 「경상자(庚桑子)」로 읽음이 옳
  다고 주장하면서, 이름은 초(楚)라 하였다.
- 上卿(상경) : 경(卿) 벼슬 중에서도 상급의 사람.
- 卑辭(비사) : 자기에 관한 말을 낮추는 것. 공손한 말씨를 쓰
  는 것.
- 介然(개연) : 형체가 미세(微細)한 모양.
- 唯然(유연) : 소리가 작은 모양.
- 八荒(팔황) : 세상의 팔방(八方) 끝.

- 睫(첩) : 속눈썹.
- 七孔(칠공) : 귀 · 눈 · 코 · 입의 7개의 구멍.

*사람은 마음과 정신을 무(無)의 세계에 합치시킬 때 보통 감각을 초월한 지각(知覺)을 지니게 된다. 성인이라면 누구나 그러한 초감각적인 지각 작용을 터득하고 있다. 그래서 공자는 노나라 임금의 얘기를 듣고서 빙그레 웃었다. 공자로서는 이미 다 알고 있는 얘기이기 때문이다.

3.

송(宋)나라 태재(太宰)가 공자를 뵙고서 말했다.

「선생님은 성인(聖人)이십니까?」

공자가 말했다.

「내가 감히 어찌 성인이 되겠소? 나는 다만 널리 공부하여 많이 아는 사람일 뿐이오.」

송나라 태재가 말했다.

「삼왕(三王 : 우禹 · 탕湯 · 문왕文王 · 무왕武王)은 성인이셨을까요?」

공자가 대답했다.

「삼왕은 지혜 있는 사람과 용기 있는 사람을 잘 임용

(任用)한 분들이지만 성인인지는 나도 모르겠소.」

「오제(五帝)는 성인이셨습니까?」

공자가 말했다.

「오제는 어진(仁) 사람과 의로운(義) 사람을 잘 임용한 분들이지만 성인인지는 나도 모르겠소.」

「삼황(三皇)은 성인이셨습니까?」

공자가 말했다.

「삼황은 때를 잘 맞추는 사람들을 잘 임용한 분들이지만 성인인지는 나도 모르겠소.」

송나라 태재는 크게 놀라면서 말했다.

「그렇다면 어떤 사람이 성인입니까?」

공자는 잠시 얼굴을 찌푸리고 있다가 말했다.

「서쪽에 있는 사람에 성인이 있었소. 다스리지 않아도 어지러워지지 않고, 말하지 않아도 자연히 믿게 되며, 교화(敎化)하지 않아도 자연히 행하게 되는데, 까마득히 백성들은 명칭을 부칠 수도 없었소. 나는 그 사람은 성인이 아닌가 생각하고 있지만, 정말로 성인인지 아닌지는 알지 못하오.」

송나라 태재는 묵묵히 마음속으로 헤아리며 공자가 나를 속이고 있다고 생각하였다.

商太宰, 見孔子曰, 丘聖者歟? 孔子曰, 聖則丘何
敢? 然則丘博學多識者也. 商太宰曰, 三王聖者歟?
孔子曰, 三王善任智勇者, 聖則丘不知. 曰, 五帝聖
者歟? 孔子曰, 五帝善任仁義者, 聖則丘弗知. 曰, 三
皇聖者歟? 孔子曰, 三皇善任因時者, 聖則丘弗知.
商太宰大駭曰, 然則孰者爲聖?

孔子動容有閒曰, 西方之人, 有聖者焉. 不治而不
亂, 不言而自信, 不化而自行, 蕩蕩乎民無能名焉.
丘疑其爲聖, 弗知眞爲聖歟, 眞不聖歟. 商太宰嘿然
心計曰, 孔丘欺我哉!

- 商(상) : 송(宋)나라는 상나라의 후손이며, 상구(商丘)에 도읍
  하고 있어서 상나라라고도 불렀다.
- 太宰(태재) : 벼슬 이름. 은(殷)나라 시대부터 있던 벼슬로, 여
  러 관리들을 총괄한 재상과 비슷한 자리였다.
- 三王(삼왕) : 하(夏) · 은(殷) · 주(周) 세 나라의 첫 번째 임금,
  곧 우(禹) · 탕(湯), 문무(文武 : 文王과 武王).
- 五帝(오제) : 옛 중국의 전설적인 다섯 임금. 삼왕의 바로 앞
  시대, 곧 황제(黃帝) · 전욱(顓頊) · 제곡(帝嚳) · 요(堯) · 순
  (舜)(「사기(史記)」).
- 三皇(삼황) : 오제보다 앞서 중국을 다스렸다는 전설적인 세
  황제, 곧 복희(伏犧) · 신농(神農) · 수인(燧人)(「상서대전(尙書

大傳)」).

- 因時(인시) : 때에 알맞도록 모든 일을 처리하는 것.
- 西方之人(서방지인) : 노자(老子)를 가리킨다는 학자도 있으나, 이를 부처님으로 보고 이 편을 한(漢)나라 명제(明帝) 이후에 씌어진 위작(僞作)이라는 이도 있다(姚際恒說). 그러나 장잠(張湛)은 아주 먼 곳에 기탁(寄託)한 말이며, 일정한 실제 인물을 가리키지 않는다 하였다.
- 蕩蕩乎(탕탕호) : 광대(廣大)하여 까마득한 모양.
- 嘿然(묵연) : 말하지 않고 있는 모양.

* 여기서는 진실한 무위(無爲)의 도에 통함이 어려움을 얘기하고 있다. 보통 세상에서 성인이라 일컫는 삼왕(三王)은 물론 삼황(三皇)이나 오제(五帝)까지도 진실로 무위의 경지에 도달했었는지는 알 수 없다는 것이다. 공자 자신이 그러한 경지에 도달한 성인이 못됨을 자인(自認)함은 당연한 일이다.

4.

자하(子夏)가 공자에게 물었다.

「안회(顔回)의 사람됨은 어떻습니까?」

공자가 대답했다.

「안회의 어짊(仁)은 나보다도 훌륭하지.」

「자공(子貢)의 사람됨은 어떻습니까?」

「자공의 언변(言辯)은 나보다도 훌륭하지.」

「자로(子路)의 사람됨은 어떻습니까?」

「자로의 용감함은 나보다도 훌륭하지.」

「자장(子張)의 사람됨은 어떻습니까?」

「자장의 의젓함(莊)은 나보다도 훌륭하지.」

자하는 자리를 피하여 공자에게 다시 물었다.

「그렇다면 네 사람들은 무엇 때문에 선생님을 섬기고 있습니까?」

공자가 말했다.

「거기 앉거라. 내 네게 얘기해 주마. 안회는 어질기는 하지만 변통(變通)할 줄을 모르고, 자공은 언변은 좋지만 말을 더디게 할 줄 모르고, 자로는 용감하기는 하지만 겁낼 줄을 모르고, 자장은 의젓하기는 하지만 남들과 어울릴 줄은 모른다. 네 사람이 지닌 것을 다 아울러 가지고서 나와 바꾸자 한대도 내가 허락하지 않을 것이야. 이것이 그들이 나를 섬기면서도 의심하지 않는 까닭일세.」

子夏問孔子曰, 顔回之爲人, 奚若? 子曰, 回之仁, 賢於丘也. 曰, 子貢之爲人, 奚若? 子曰, 賜之辯, 賢

於丘也. 曰, 子路之爲人, 奚若? 子曰, 由之勇, 賢於丘也. 曰, 子張之爲人, 奚若? 子曰, 師之莊, 賢於丘也.

子夏避席而問曰, 然則四子者, 何爲事夫子? 曰, 居, 吾語汝. 夫回能仁而不能反, 賜能辯而不能訥, 由能勇而不能怯, 師能莊而不能同. 兼四子之有以易吾, 吾弗許也. 此其所以事吾而不貳也.

- 子夏(자하) : 춘추시대 위(衛)나라 사람으로, 성은 복(卜)씨이고, 이름은 상(商), 자하는 그의 자임. 공자의 제자로서 학문에 뛰어났다.

- 顔回(안회) : 춘추시대 노(魯)나라 사람으로, 안연(顔淵)이라고도 부른다. 공자의 제자 중에서도 덕행(德行)에 뛰어났으나 젊은 나이에 죽었다.

- 子貢(자공) : 춘추시대 위(衛)나라 사람. 성은 단목(端木), 이름은 사(賜), 자공은 그의 자. 공자의 제자 중에서도 가장 말재주에 뛰어났다.

- 子路(자로) : 춘추시대 노(魯)나라 사람. 성은 중(仲), 이름은 유(由), 자를 자로 또는 계로(季路)라 불렀다. 성질이 곧고 용감하여 공자의 제자들 중에서도 이름났다.

- 子張(자장) : 춘추시대 진(陳)나라 사람. 성은 전손(顓孫), 이름은 사(師), 자장은 그의 자임.

- 莊(장) : 금장(矜莊). 의젓한 것.

- 反(반) : 변(變), 변통(變通)의 뜻. 안회가 고지식함을 뜻한다.
- 訥(눌) : 말을 더듬다. 말을 천천히 하다.
- 同(동) : 화동(和同). 남들과 잘 어울리는 것.
- 不貳(불이) : 두 가지 마음을 갖지 않다, 마음이 바뀌지 않다.

*성인이란 그의 덕(德)이 완전하다. 때에 따라 어질기도 하고, 필요하면 변통을 할줄도 안다. 때에 따라 말을 잘하기도 하지만, 말을 더듬는 경우도 있다. 때에 따라 용감하기도 하지만, 필요할 때에는 겁을 낼 줄도 안다. 때에 따라 의젓하기도 하지만, 필요하면 남들과 함께 잘 어울리기도 한다. 보통 사람들은 이러한 여러 가지 장점을 한 가지 정도 밖에 지니고 있지 않지만, 성인이란 어떤 한 가지 특성에 얽매이는 법이 없다는 것이다.

5.

열자는 호구자림(壺丘子林)을 스승으로 모시고 백혼무인(伯昏瞀人)을 벗으로 삼은 뒤에 남곽(南郭)에 살고 있었다. 그를 따라서 그곳에 머무는 사람들은 종일 세어도 다 세지 못할 지경이었다. 그러나 열자는 또한 미세(微細)한 것으로 여겼다.

아침마다 그들은 서로 변론하여 세상에 들리지 않는 곳이 없었다. 그런데 남곽자(南郭子)와는 담 하나를 사이에 두고 20년을 지나면서 서로 찾아가거나 초청하는 일이 없었다. 서로 길에서 만난다 하더라도 그들의 눈은 서로 보지 않는 것같이 보였다. 문하(門下)의 제자들은 열자와 남곽자가 원수 사이라고 생각하면서 의심하지 않았다.

어떤 초(楚)나라로부터 온 사람이 열자에게 물었다.

「선생님과 남곽자는 무슨 원수를 졌습니까?」

열자가 말했다.

「남곽자는 모습은 충실하면서도 마음은 비어 있고 귀는 들리는 게 없으며, 눈은 보이는 게 없으며, 입은 말하는 게 없으며, 마음은 아는 게 없으며, 몸은 두려워하는 게 없는데, 찾아간들 무엇을 하겠는가? 그렇지만 시험 삼아 그대와 더불어 함께 찾아가 보기로 하지.」

그의 제자 40명이 함께 가서 남곽자를 뵈었는데, 과연 넋빠진 것 같아서 상대할 수가 없었다. 열자를 되돌아보니, 그 역시 몸과 정신이 서로 짝을 이루지 않아서 함께 어울릴 수가 없었다.

남곽자가 갑자기 열자의 제자 가운데에서도 맨 끝 서

열(序列)의 사람을 가리키면서 더불어 얘기를 하였는데, 화락(和樂)하면서도 곧아지려고만 들고 응대해지려고만 하는 것 같았다. 열자의 제자들은 그것을 보고 놀라서 집으로 돌아와서는 모두 의아한 빛을 띠었다.

열자가 말했다.

「득의(得意)한 사람도 말이 없지만, 앎을 다한 사람도 역시 말이 없는 것이다. 무언(無言)을 가지고서 말하는 것도 역시 말하는 것이오, 무지(無知)를 가지고서 안다고 하는 것도 역시 아는 것이다. 말이 없는 것(無言)과 말하지 않는 것, 앎이 없는 것(無知)과 알지 않는 것도 역시 말하는 것이오, 역시 아는 것이다. 또한 말하지 않는 것도 없고 알지 못하는 것도 없으며, 또한 말하는 것도 없고 아는 것도 없는 것이다. 이러할 따름이거늘, 그대들은 어찌하여 함부로 놀라고 있는가?」

子列子旣師壺丘子林, 友伯昏瞀人, 乃居南郭. 從之處者, 日數而不及. 雖然, 子列子亦微焉.

朝朝相與辨, 無不聞. 而與南郭子連牆二十年, 不相謁請. 相遇於道, 目若不相見者. 門之徒役, 以爲子列子與南郭子, 有敵不疑.

有自楚來者, 問子列子曰, 先生與南郭子奚敵? 子
列子曰, 南郭子貌充心虛, 耳無聞, 目無見, 口無言,
心無知, 影無惕, 往將奚爲? 雖然, 試與汝偕往, 閱弟
子四十人同行, 見南郭子, 果若欺魄焉, 而不可與接.
顧視子列子, 形神不相偶, 而不可與量.

南郭子俄而指子列子之弟子末行者與言, 衍衍然,
若專直而在雄者. 子列子之徒駭之, 反舍, 咸有疑色.

子列子曰, 得意者無言, 進知者亦無言. 用無言爲
言爲亦言, 無知爲知亦知. 無言與不言, 無知與不知,
亦言亦知. 亦無所不言, 亦無所不知, 亦無所言, 亦
無所知. 如斯而已, 汝奚妄駭哉?

- 日數而不及(일수이불급) : 하루 종일 세어도 미치지 못한다,
  날마다 세어도 안된다.
- 微(미) : 미세(微細), 또는 미소(微少)한 것으로 여기는 것, 안
  중(眼中)에 두지 않는 것.
- 朝朝(조조) : 아침마다, 날마다.
- 無不聞(무불문) : 온 세상에 소문이 난 것을 뜻함.
- 連牆(연장) : 담을 사이에 두고 이웃하여 사는 것.
- 謁請(알청) : 찾아가거나 초청하는 것, 왕래(往來)하는 것.
- 門之徒役(문지도역) : 문하(門下)의 제자들.
- 貌充心虛(모충심허) : 모습은 충실하고 마음은 비어 있다. 마

음이 공허하면 몸은 온전해진다.

• 欺魄(기백) : 넋빠진 것, 넋을 잃은 것.

• 末行者(말행자) : 서열(序列)이 맨 끝이 되는 자.

• 衎衎然(간간연) : 화락(和樂)한 모양.

• 進知(진지) : 進은 盡(진)과 통하여, 「앎을 다한 것」, 「모든 것을 안 것」.

* 지극한 사람(至人)의 마음은 텅 비어 있어서 외물(外物)에 의하여 움직여지지 않는다. 말을 해도 자기의 말이 아니며, 어떤 일을 알아도 그것은 자기 개인의 앎이 아니다. 하루 종일 말한 마디 안하는 듯하지만 필요한 말은 다하고 있는 것이며, 아무것도 아는 게 없는 듯하지만 알지 못하는 것도 없는 것이다. 지극한 사람은 이처럼 속세의 가치기준(價値基準)을 초월한 자유자재(自由自在)한 존재인 것이다.

6.

열자가 배울 적에 삼 년 뒤에는 마음은 감히 옳고 그름을 생각하지 않고, 입은 감히 이롭고 해로움을 말하지 않게 되었는데, 그제서야 스승 노상(老商)이 한 번 거들떠볼 따름이었다.

5년 뒤에는 마음은 다시 옳고 그름을 생각하고, 입은

다시 이롭고 해로움을 말하게 되었는데, 스승인 노상은 그제서야 한 번 활짝 웃어 보였다.

7년 뒤에는 마음이 생각하는 바를 따라도 다시는 옳고 그름이 없고, 입이 말하는 바를 따라도 다시는 이롭고 해로움이 없게 되었다. 스승 노상은 그제서야 한 번 나를 끌어다가 자리를 나란히 하고 앉으셨었다.

9년 뒤에는 마음이 생각하는 바대로 멋대로 버려두고, 입이 말하는 바대로 멋대로 버려두어도, 또한 나의 옳고 그름과 이롭고 해로움인지도 알지 못하고, 남의 옳고 그름과 이롭고 해로움인지도 알지 못하게 되었다. 안과 밖이 다하여 그 뒤로는 눈이 귀와도 같고, 귀가 코와도 같고, 코가 입과도 같고, 입과 같지 않은 듯한 게 없게 되었으며, 마음은 응결(凝結)되고 형체가 풀리며, 뼈와 살이 한데 융화(融和)되어 몸이 의지하고 있는 곳이나 발이 밟고 있는 곳이 있고, 마음이 생각하는 것이나 말이 표현하는 것이 있음을 깨닫지 못하게 되었다. 이렇게 되었을 따름이었는데, 곧 이치(理致)는 그에게 숨기어지는 게 없게 되었다.

子列子學也, 三年之後, 心不敢念是非, 口不敢言

利害, 始得老商一眄而已.

　五年之後, 心更念是非, 口更言利害, 老商始一解顔而笑.

　七年之後, 從心之所念, 更無是非, 從口之所言, 更無利害. 夫子始一引吾竝席而坐.

　九年之後, 横心之所念, 横口之所言, 亦無知我之是非利害歟, 亦不知彼之是非利害歟, 外内進矣, 而後眼如耳, 耳如鼻, 鼻如口, 口無不同, 心凝形釋, 骨肉都融, 不覺形之所倚, 是之所履. 心之所念, 言之所藏. 如斯而已, 則理無所隱矣.

- 老商(노상) : 열자의 스승.
- 眄(면) : 곁눈질해 보는 것.
- 横(횡) : 멋대로 버려두는 것.
- 外内(외내) : 외물(外物)과 내아(内我).
- 進(진) : 盡(진)과 통하여,「다하다」,「한계가 없어지다」.

　*여기서는 열자의 학문이 발전한 단계를 설명하고 있다. 이와 비슷한 얘기가 이미 앞의 제2 황제(黄帝)편에도 보였으니 참조하기 바란다.

7.

처음에 열자는 노닐기를 좋아하였다.

호구자(壺丘子)가 말했다.

「열자는 노닐기를 좋아하는데, 노니는 게 무슨 좋은 점이 있소?」

열자가 말했다.

「노니는 즐거움은 완상(玩賞)하여 옛것이 없다는 것입니다. 사람들이 노님에 있어서는 그에게 보이는 것을 구경하지만, 저의 노님에 있어서는 그것이 변화하는 것을 관찰하는 것입니다. 노님이여, 노님이여! 그 노님을 분별할 수 있는 사람은 없도다!」

호구자가 말했다.

「열자의 노님은 본시 남과 같은데도 불구하고, 본시 남과는 다르다고 말하는구려. 모든 보이는 것들도 역시 언제나 그 변화를 보이는 것이며, 저 물건의 옛것이 없음을 완상한다고 하면서도 나도 역시 옛것이 없음을 알지 못하고 있으며, 밖으로 노니는 것에만 힘쓰고 안으로 관찰하는 것에 힘쓸 줄은 모르는 구려. 밖으로 노니는 사람은 외물(外物)에 감추어지기를 바라지만, 안으로 관찰하는 사람은 자신에게서 만족을 취하는 것이오. 자신에게서 만족을 취하는 것이 노님의 지극한 경지이며, 외물에 갖추어지기를 바라는 것은 노님의 지극한 경지가 못되는 것이오.」

이어 열자는 평생을 나가지 않고 스스로 노님을 알지 못한다고 생각하고 있었다.

호구자가 말했다.

「노님이 지극한 경지에 이르렀구나! 지극한 노님을 하는 사람은 가는 곳을 알지 못하며, 지극한 관찰을 하는 사람은 보이는 것을 알지 못하는 것이오. 모든 물건이 모두가 노니는 것이며, 모든 물건이 모두가 관찰하는 것이오. 이것이 내가 말하고자 하는 노님이오, 이것이 내가 말하고자 하는 관찰인 것이오. 그러므로 노님이 지극한 경지에 이르렀다, 노님이 지극한 경지에 이르렀다, 하고 말한 것이오.」

初子列子好遊. 壺丘子曰, 禦寇好遊, 遊何所好? 列子曰, 遊之樂, 所玩無故. 人之遊也, 觀其所見, 我之遊也, 觀之所變. 遊乎遊乎, 未有能辨其遊者.

壺丘子曰, 禦寇之遊, 固與人同歟, 而曰固與人異歟? 凡所見, 亦恆見其變. 玩彼物之無故, 不知我亦

無故, 務外遊不知務內觀. 外遊者求備於物, 內觀者取足於身. 取足於身, 遊之至也, 求備於物, 遊之不至也.

於是列子終身不出, 自以爲不知遊. 壺丘子曰, 遊其至乎! 至遊者不知所適, 至觀者不知所眠. 物物皆遊矣, 物物皆觀矣. 是我之所謂遊, 是我之所謂觀也. 故曰, 遊其至矣乎, 遊其至矣乎!

- 玩(완) : 완상(玩賞)하다. 감상하다.
- 無故(무고) : 옛 대로가 아닌 것, 낡은 점이 없는 것.
- 其所見(기소견) : 그에게 보이는 것, 곧 풍경 같은 것.
- 之所變(지소변) : 이것들이 변화하는 것.
- 內觀(내관) : 자기 마음을 통하여 관찰하는 것.
- 眠(시) : 視(시)와 통하는 글자, 「보이는 것」, 「보는 것」.

* 여기에서는 유람(遊覽)의 원리를 설명한 것이다. 겉으로 노니는 것은 자기 마음속으로 관찰하는 것만 못하다. 왜냐하면 겉으로 노닌다는 것은 밖의 물건에 의지해야 되지만, 마음속으로 관찰하는 것은 자기 자신에게 달려 있기 때문이다. 마음속으로 관찰하는 공을 쌓으면, 자기와 밖의 물건의 한계가 없어져 지극한 유람의 경지에 이를 것이라는 것이다.

8.

용숙(龍叔)이 의사인 문지(文摯)에게 말했다.

「선생님의 재주는 미묘(微妙)합니다. 제게는 병이 있는데, 선생님께서 고치실 수 있겠습니까?」

문지가 말했다.

「명하시는 대로 따르겠습니다. 그렇지만 먼저 선생님의 앓으시는 증세를 말씀하여 주십시오.」

용숙이 말했다.

「저는 한 고을이 칭찬해 준대도 영예롭게 여기지 않고, 한 나라가 훼방을 한대도 욕된다고 여기지 않습니다. 물건을 얻어도 기뻐하지 않고, 잃어도 걱정하지 않습니다. 삶을 보기를 죽음과 같이 하고, 부함을 보기를 가난함과 같이 합니다. 사람을 보기를 돼지와 같이 하고, 나를 보기를 남과 같이 합니다. 저희 집에 있으면서도 여관집에 있는 거와 같이 여깁니다. 저희 고을을 보기를, 오랑캐의 나라처럼 여깁니다. 이러한 모든 병은 벼슬과 상을 주는 것으로도 권면할 수가 없고, 법과 형벌로도 위압할 수 없으며, 성해지고 쇠하는 것과 이롭고 해로운 것으로도 바꿀 수가 없고, 슬픔과 즐거움으로도 변경시킬 수가 없습니다. 본시부터 나라 임금을 섬기거나 친구들을 사귀거나 처자들을 거느리거나 하인들을 다스릴 수가 없는 것입니다. 이것은 무슨 병일까요? 무슨 방법으로 그것을 고칠 수가 없을까요?」

문지는 이에 용숙으로 하여금 밝음을 등지고 서게 하고서 문지 자신은 밝음을 향해 서서 바라보았다.

그런 다음에 말했다.

「아아! 저는 선생님의 심장을 보았습니다. 넓이 한치의 곳이 텅 비어 있습니다. 거의 성인이나 같으십니다. 선생님의 심장은 여섯 개의 구멍으로 유통(流通)이 되고 있는데, 한 구멍만이 트이지 않고 있습니다. 지금 성인과 같은 지혜를 병이라 여기는 것은 아마 이 때문이겠지요? 저의 낮은 재주로 고칠 수 있는 게 못됩니다.」

龍叔謂文摯曰, 子之術微矣. 吾有疾, 子能已乎?
文摯曰, 唯命所聽. 然先言子所病之證. 龍叔曰, 吾
鄕譽不以爲榮, 國毁不以爲辱. 得而不喜, 失而弗憂.
視生如死, 視富如貧. 視人如豕, 視吾如人. 處吾之
家, 如逆旅之舍.

觀吾之鄕, 如戎蠻之國. 凡此衆疾, 爵賞不能勸,
刑罰不能威, 盛衰利害不能易, 哀樂不能移. 固不可

事國君, 交親友, 御妻子, 制僕隷. 此奚疾哉?奚方能已之乎?

文摯乃命龍叔背明而立, 文摯自後向明而望之. 旣而曰,

嘻! 吾見子之心矣. 方寸之地虛矣. 幾聖人也. 子心六孔流通, 一孔不達. 今以聖智爲疾者, 或由此乎? 非吾淺術所能已也.

- 龍叔(용숙) : 현명한 은사(隱士)이나 자세한 생평은 알 수 없다.
- 文摯(문지) : 전국시대 사람으로서, 제(齊)나라 위왕(威王)의 병을 고쳐서 이름난 사람. 혹은 춘추시대 사람으로서 송(宋)나라의 훌륭한 의사였고, 제나라 문왕(文王)을 성나게 함으로써 병을 고쳤다고도 한다(張湛注).
- 微(미) : 미묘(微妙)한 것.
- 豕(시) : 돼지.
- 逆旅(역려) : 여관. 여인숙.
- 戎蠻(융망) : 오랑캐, 戎은 서쪽, 蠻은 남쪽에 있던 오랑캐 이름.
- 僕隷(복예) : 하인들. 하인과 노예.
- 方寸之地(방촌지지) : 넓이가 한 치 되는 곳, 곧 심장이 있는 위치를 가리킨다.
- 六孔(육공) : 여섯 개의 구멍. 옛 성인은 심장에 7개의 구멍이

있었다 한다.

＊성인은 사람들이 크게 관심을 두는 영욕(榮辱), 득실(得失), 사생(死生), 빈부(貧富), 원근(遠近), 친소(親疏), 인아(人我)를 한결같이 본다. 그래서 이처럼 일반적인 가치 기준을 초월하고 있는 사람을 속된 사람들은 병이라 보기 쉽다. 성인의 경지에 약간 달하지 못하였던 용숙(龍叔)도 자기의 그러한 성격을 병이 아닌가 하고 생각하였던 것이다. 그러나 문지(文摯)라는 명의(名醫)의 진찰을 빌어 그를 성인으로 판정하는 문맥의 구성이 퍽 재미있다.

9.

말미암는 데가 없이도 언제나 생성(生成)하는 것이 도(道)이다. 생성으로 말미암아 생성되므로, 비록 끝장이 난다 하더라도 멸망되지 않는 것이 영원함(常)이다. 생성으로 말미암아서 멸망하는 것은 불행이다.

말미암는 데가 있으면서도 언제나 죽는 것도 역시 도(道)이다. 죽으므로 말미암아 죽게 되므로, 비록 끝장이 나지 않는다 하더라도 스스로 멸망하는 것도 영원함(常)이다. 죽으므로 말미암아서 생성되는 것은 행복(幸福)인 것이다.

그러므로 작용이 없이 생성되는 것을 도(道)라고 말한다. 도의 작용을 따라 끝이 날 수 있는 것을 영원함(常)이라 말한다. 작용하는 바가 있는데도 죽는 것 역시 도라고 말한다. 도의 작용을 따라 죽을 수 있는 것 역시 영원함이라 말한다.

계량(季梁)이 죽었을 때 양주(楊朱)는 그의 집 문을 바라보면서 노래하였다. 수오(隨梧)가 죽었을 때에는 양주는 그의 시체를 어루만지면서 통곡하였다. 여러 사람들이 태어나고 여러 사람들이 죽어가는데, 보통 사람들은 노래를 하기도 하고 통곡을 하기도 한다.

눈이 멀려고 하는 사람이 먼저 가는 터럭을 보고, 귀가 먹으려 하는 사람이 먼저 모기 나는 소리를 들으며, 입맛을 잃으려는 사람이 먼저 치수(淄水)와 승수(澠水)의 물맛을 분별하며, 코가 막히려는 사람이 먼저 탄내와 썩은 내를 맡으며, 몸이 넘어지려는 사람이 먼저 빨리 내닫고, 마음이 미혹되려는 사람이 먼저 옳고 그름을 안다. 그러므로 사물은 지극한 곳에 이르지 않은 것은 되돌아가지 않는 법이다.

無所由而常生者, 道也. 由生而生, 故雖終而不亡,
常也. 由生而亡, 不幸也. 有所由而常死者, 亦道也.
由死而死, 故雖未終而自亡者, 亦常. 由死而生, 幸
也.

故無用而生, 謂之道. 用道得終, 謂之常. 有所用
而死者, 亦謂之道. 用道而得死者, 亦謂之常.

季梁之死, 楊朱望其門而歌. 隨梧之死, 楊朱撫其
尸而哭. 隸人之生, 隸人之死, 衆人且歌, 衆人且哭.

目將眇者, 先睹秋毫, 耳將聾者, 先聞蚋飛, 口將
爽者, 先辨淄澠, 鼻將窒者, 先覺焦朽, 體將僵者, 先
赴犇佚, 心將迷者, 先識是非. 故物不至者, 則不反.

- 無所由(무소유) : 말미암는 데가 없다, 곧 자연스러움을 가리
  킨다.
- 有所由(유소유) : 말미암는 데가 있다, 곧 죽고 살게 되는 근
  거가 있음을 가리킨다.
- 季梁(계량) : 옛날 사람으로, 양주(楊朱)의 친구. 자세한 생평
  은 알 수 없다.
- 楊朱(양주) : 전국시대 위(衛)나라 사람. 자는 자거(子居). 노
  자(老子)에게 배웠다는 이도 있고, 묵자(墨子)에게 배웠다는
  이도 있는데, 자기의 터럭 하나를 뽑아 온 천하를 이롭게 할
  수 있다 한 대도 그는 하지 않는다는 극단적인 이기(利己)의

학설을 주장한 학자이다.

- 隨梧(수오) : 역시 양주의 친구 중의 한 사람.
- 隷人(예인) : 여러 사람들.
- 眇(묘) : 눈이 머는 것.
- 秋毫(추모) : 가을에 짐승 몸에 나는 가는 털.
- 蚋(예) : 모기, 바구미.
- 爽(상) : 입맛을 잃는 것.
- 淄澠(치승) : 치수(淄水)와 승수(澠水). 치수와 승수는 지금의 산동성에 흐르고 있는 강물 이름인데,「맹자(孟子)」고자(告子)편 소(疏)에 의하면, 옛날의 역아(易牙)는 이 두 강물 맛을 분별할 수 있었다 했다. 제(齊)나라 환공(桓公)이 이상히 여겨 시험해 보았으나 역아의 분별력은 틀림없었다 한다.
- 焦朽(초후) : 물건이 타는 냄새와 썩는 냄새.
- 僵(강) : 넘어지다.
- 犇佚(분일) : 내달리는 것.
- 不至(부지) : 극점(極點), 또는 극한에 이르지 못한 것.

* 앞에서는 도(道)와 영원함(常)을 논하면서 사생(死生)의 원리를 밝힌다. 사생이란 도의 구현(具現)인데, 사람들은 이에 따라 좋아하기도 하고, 통곡하기도 하는 어리석은 짓을 한다.

끝머리에서는 세상의 모든 사물은 그 극점에 이르면, 다시 원점(原點)으로 되돌아가는 반복의 원리를 지니고 있음을 설명하였다. 그런 관점에서 본다면, 총명하다는 것은 바로 어리석음의 바탕이며, 반대로 어리석음은 총명함의 바탕이 되기도 한다.

10.

정(鄭)나라의 포택(圃澤)에는 현명한 사람이 많고, 동리 (東里)에는 재주 있는 사람이 많았다. 포택의 사람에 백풍 자(伯豐子)란 사람이 있었는데, 길을 가는 도중 동리를 지 나다가 등석(鄧析)을 만났다.

등석은 그의 무리들을 돌아보고 웃으면서 말했다.

「그대들을 위하여 저기에 오는 자를 희롱하겠다. 어떻 겠나?」

그의 무리들이 대답했다.

「보고 싶던 일입니다.」

등석이 백풍자에게 말했다.

「당신은 양육(養育)하는 것과 양육당하는 뜻을 압니 까? 남의 양육을 받기만 하면서도 스스로 양육하지 못하 는 것은 개나 돼지의 무리입니다. 무엇을 양육하여 그것 을 자기를 위하여 이용하는 것은 사람의 힘입니다. 당신 의 무리들로 하여금 먹어서 배부르고 입고서 편히 쉬게 하는 것은 정치하는 사람들의 공입니다. 어른과 아이들 이 무리를 이루며, 짐승우리와 푸줏간 안의 물건 노릇을 한다면, 무엇이 개나 돼지의 무리와 다르겠소?」

백풍자는 대답도 하지 않았다. 백풍자를 따르던 사람이 앞으로 나서며 말했다.

「대부(大夫)께서는 제(齊)나라와 노(魯)나라에 재주가 많은 사람이 많다는 것을 듣지 못하셨습니까? 토목공사를 잘하는 사람도 있고, 쇠와 가죽을 잘 다루는 사람도 있고, 음악을 잘하는 사람도 있고, 글씨 쓰기나 셈을 잘하는 사람도 있고, 군대를 잘 다스리는 사람도 있고, 종묘(宗廟)를 잘 건사하는 사람도 있습니다. 여러 재주꾼들이 다 갖추어져 있습니다. 그렇지만 그들에게 적당한 자리를 주는 사람이 없고, 그들을 부릴 수 있는 사람이 없습니다. 그래서 그 자리에 있는 사람은 그가 할 일을 알지 못하고, 그를 부리는 사람은 능력이 없습니다. 그래서 잘 아는 사람과 능력 있는 사람들이 그들을 위하여 부림을 당하고 있습니다. 정치를 하는 사람이란 바로 저의 부림을 받는 사람인데, 선생께서는 어찌하여 뽐내고 계십니까?」

등석은 대답할 수가 없어서 그의 무리들에게 눈짓하여 물러가도록 하였다.

鄭之圃澤多賢, 東里多才. 圃澤之役, 有伯豐子者, 行過東里, 遇鄧析. 鄧析顧其徒而笑曰, 爲若舞彼來者, 奚若? 其徒曰, 所願知也. 鄧析謂伯豐子曰, 汝知養養之義乎? 受人養而不能自養者, 犬豕之類也. 養物而物爲我用者, 人之力也. 使汝之徒, 食而飽, 衣而息, 執政之功也. 長幼羣聚, 而爲牢藉庖廚之物, 奚異犬豕之類乎?

伯豐子不應. 伯豐子之從者, 越次而進曰, 大夫不聞齊魯之多機乎? 有善治土木者, 有善治金革者, 有善治聲樂者, 有善治書數者, 有善治軍旅者, 有善治宗廟者, 羣才備也. 而無相位者, 無能相使者. 而位之者無知, 使之者無能. 而知之與能, 爲之使焉. 執政者, 迺吾之所使, 子奚矜焉?

鄧析無以應, 目其徒而退.

- 圃澤(포택): 뒤의 동리(東里)와 함께 정(鄭)나라에 있던 땅이름.
- 役(역): 제자(弟子)와 같은 말(張湛注). 요즘 말로는, 사람 또는 장정의 뜻.
- 伯豐子(백풍자): 정나라의 어진 사람. 자세한 생애는 알 수 없다.

- 鄧析(등석) : 춘추시대 정(鄭)나라의 대부(大夫).
- 舞(무) : 무롱(舞弄), 곧 희롱의 뜻.
- 願知(원지) : 알고 싶다. 여기서는 보고 싶다는 뜻.
- 牢藉(노적) : 짐승의 우리.
- 庖廚(포주) : 푸줏간.
- 越次(월차) : 자기의 서열을 넘어 앞으로 나서는 것.
- 機(기) : 기교(技巧), 재주.
- 相位(상위) : 재주 많은 사람들을 그에게 적합한 지위에 앉혀 일하도록 하는 것.
- 矜(긍) : 뽐내다. 자랑하다.

　*능력 없고 아는 게 없는 것이, 능력 많고 아는 것 많은 것 보다 훌륭함을 비유로서 설명한 대목이다. 등석은 백풍자의 무리들을 개나 돼지 같은 종류로 몰면서 희롱하려 하였지만, 백풍자의 종자(從者)는 오히려 능력도 아는 것도 없는 사람이 재주꾼을 다스린다고 설명하여 오히려 등석을 궁지로 몰아넣었다.

11.

　공의백(公儀伯)은 힘이 세기로 제후들 사이에 알려졌다. 당계공(堂谿公)이 그의 얘기를 주(周)나라 선왕(宣王)에게 하자, 왕은 예를 갖추어 그를 초빙하였다. 공의백이 온 다음 그의 모습을 보니 약한 남자 같았다. 선왕은 마음이 미혹되어 의심하면서 말했다.

「당신의 힘은 어느 정도요?」

공의백이 말했다.

「저의 힘은 봄 메뚜기의 넓적다리를 꺾을 수 있고, 가을 매미의 날개를 들 수 있을 정도입니다.」

왕이 얼굴빛을 바꾸면서 말했다.

「내가 말하는 힘이란 것은, 물소나 외뿔소의 가죽을 찢고 아홉 마리의 소를 꼬리를 잡고 끌 수 있다 하더라도 아직도 그 정도로는 약하다고 유감되게 여기는 것이오. 그대는 봄 메뚜기의 넓적다리를 꺾고, 가을 매미의 날개를 들 수 있다고 했는데, 그런데도 힘으로 세상에 알려졌으니 어찌된 일이오?」

공의백은 길게 한숨 쉬면서 자리에서 물러나 말했다.

「임금님께서 잘 물으셨습니다. 저는 감히 사실대로 아뢰겠습니다. 저의 스승에 상구자(商丘子)란 분이 계셨는데, 힘으로는 천하에 당할 사람이 없었지만 집안 사람들조차도 알지 못했습니다. 그것은 그분이 힘을 쓴 일이 없었기 때문이었습니다. 저는 죽음을 무릅쓰며 그분을 섬겼는데, 그분이 제게 말씀하시기를,

『사람이란 그가 보지 못한 것을 보려고 한다면, 사람들이 들여다보지 않은 것을 보아야 하며, 그가 얻지 못한 것을 얻으려 한다면, 사람들이 하지 않은 일을 닦아야 한다. 그러므로 보는 것을 배우려 하는 사람은 먼저 수레에 실린 나뭇짐을 보며, 듣는 것을 배우려 하는 사람은 먼저 종 치는 소리를 들어야 한다. 자기 속에 용이(容易)함이 있는 사람은 밖으로도 곤란이 없는 것이다. 밖으로 곤란이 없기 때문에 이름이 그의 한집안에도 나오지 못하는 것이다.』

고 하셨습니다. 지금 저의 이름이 제후들 사이에 알려져 있다는 것은, 바로 제가 스승의 가르침을 어기고서 저의 능력을 드러냈기 때문입니다. 그러므로 저의 명성이란 그의 힘에 의지하여 알려진 게 아니라 그 힘을 잘 쓸 수 있었기 때문입니다. 이것이 그의 힘을 뽐내는 것보다 훨씬 낫지 않습니까?」

公儀伯以力聞諸侯. 堂谿公言之於周宣王, 王備禮以聘之. 公儀伯至, 觀形, 懦夫也. 宣王心惑而疑曰, 女之力何如? 公儀伯曰, 臣之力, 能折春螽之股, 堪秋蟬之翼. 王作色曰, 吾之力者, 能裂犀兕之革, 曳

九牛之尾, 猶憾其弱. 女折春蟊之股, 堪秋蟬之翼,
而力聞天下, 何也?

公儀伯長息退席曰, 善哉, 王之問也. 臣敢以實對.
臣之師, 有商丘子者, 力無敵於天下, 而六親不知,
以未嘗用其力故也. 臣以死事之, 乃告臣曰, 人欲見
其所不見, 視人所不窺, 欲得其所不得, 修人所不爲.
故學眂者, 先見輿薪, 學聽者, 先聞撞鐘. 夫有易於
內者, 無難於外. 於外無難, 故名不出其一家. 今臣
之名, 聞於諸侯, 是臣諱師之敎, 顯臣之能者也. 然
則臣之名, 不以負其力者也, 以能用其力者也. 不猶
愈於負其力者乎?

- 公儀伯(공의백) : 공의가 성이며, 주(周)나라의 현사(竪士)임.
- 堂谿公(당계공) : 당계가 성이며, 역시 주나라의 현사(현명한 사람).
- 儒夫(유부) : 약한 남자.
- 春蟊(춘종) : 봄에 생긴 파란 메뚜기의 일종.
- 堪(감) : 감당하다. 들다.
- 秋蟬(추선) : 가을 매미.
- 犀兕(서시) : 남쪽에 나는 물소와 외뿔소.
- 六親(육친) : 부, 모, 형, 제, 처, 자. 가까운 집안 식구들.
- 眂(시) : 視(시)와 같은 자로서, 「보는 것」.

- 興薪(여신) : 땔나무를 수북히 실은 수레.
- 有易於內(유이어내) : 안으로 용이함이 있는 것, 곧 메뚜기 넓적다리를 부러뜨리거나 매미 날개를 드는 것 같은 일.
- 負其力(부기력) : 그의 힘을 의지하다. 그의 큰 힘을 뽐내는 것.
- 能用其力(능용기력) : 그의 힘을 잘 사용할 줄 아는 것. 사실은 힘을 쓰지 않는 것을 뜻한다.

　*있어도 없는 것 같고 차 있어도 비어 있는 것 같아야 한다. 정말로 힘 있는 사람은 남에게 그 힘을 드러내는 일이 없다. 힘세기로 유명하다고 소문이 자자한 사람은, 실은 힘센 사람이 못된다는 것이다.

　12.
　중산(中山)의 공자모(公子牟)는 위(魏)나라의 현명한 공자(公子)였다. 현명한 사람들과 더불어 놀기를 좋아하고 나라 일은 돌보지 않았다. 그런데 조(趙)나라 사람 공손룡(公孫龍)을 좋아하였으므로 악정(樂正) 자여(子輿)의 무리들이 그것을 비웃었다.
　공자모가 말했다.
　「당신은 어찌하여 내가 공손룡을 좋아함을 비웃습니

까?」

자여가 말했다.

「공손룡의 사람됨은 행동함에 스승이 없고, 학문을 함에 벗이 없으며, 말은 재빨리 하면서도 이치에 들어맞지 않고, 함부로 떠들기만 하지 일정한 주장이 없으며, 괴상한 것을 좋아하여 멋대로 지껄입니다. 사람들의 마음을 미혹시키고, 사람들의 구변(口辯)을 굴복시키려 하여 한단(韓檀)의 무리들과 어울려 그 방법을 익히었습니다.」

공자모는 얼굴빛을 바꾸면서 말했다.

「어찌하여 당신은 공손룡의 모습을 그토록 지나치게 표현하십니까? 그 사실을 들려주시기 바랍니다.」

자여가 말했다.

「저는 공손룡이 공천(孔穿)을 속였던 일을 비웃습니다. 그는 말하기를, 활을 잘 쏘는 사람은 뒤의 화살촉이 앞 화살 꼬리를 맞추어 한 발 한 발 쏠 적마다 서로 뒤를 잇고, 화살 하나하나가 모두 연결되어 맨 앞 화살이 과녁에 이르러도 중간에 끊어져 떨어지는 것 없이 맨 뒤 화살 꼬리는 그대로 활줄에 매겨져 있어, 이를 보면 하나처럼 보인다고 했습니다.

공천이 놀라자 공손룡은 다시 말하기를, 이것은 아직

도 절묘한 것은 못된다 하였습니다. 봉몽(逢蒙)의 제자에 홍초(鴻超)란 이가 있었는데, 그의 처에게 화가 나서 그를 위협하려고 오호(烏號)의 활을 들어 기위(綦衛)의 화살을 매긴 다음 그의 눈을 쏘았습니다. 화살이 와서 눈동자에 맞아도 눈 하나 깜짝하지 않고 화살이 땅에 떨어지는데도 먼지 하나 나지 않았다는 것입니다. 이것을 어찌 지혜 있는 사람의 말이라 하겠습니까?」

공자모가 말했다.

「지혜 있는 사람의 말이란, 본시가 어리석은 자들이 이해할 수 있는 것이 아닙니다. 뒤 화살촉이 앞 화살 꼬리에 들어맞는 것은 뒤의 것을 앞의 것과 똑같게 쏘았기 때문입니다. 화살이 눈동자에 가 맞아도 눈 하나 깜빡거리지 않는 것은 화살의 세(勢)를 다하도록 하였기 때문입니다. 당신은 어찌하여 의심합니까?」

악정 자여가 말했다.

「선생께서는 공손룡의 무리이니, 어찌 그 결점을 꾸며 덮어주지 않을 수가 있겠습니까? 저는 또 그보다 더한 것을 말씀드리겠습니다. 공손룡은 위(魏)나라 임금을 속이어 말하기를, 뜻이 있는 것은 마음이 하는게 아니며, 손가락질을 하는 것은 모든 것에 이르지 않고, 물건이 있으면 다하지 않고, 그림자가 있지만 옮겨가지 않고, 머리카락으로도 천균(千鈞)의 무거운 물건을 끌 수 있고, 흰 말은 말이 아니고 외로운 송아지에게는 어미가 있은 일이 없다고 하였습니다. 일반 상식에 어긋나고 인륜(人倫)에 반대됨은 이루 다 말할 수가 없습니다.」

공자모가 말했다.

「당신은 지극한 말을 이해하지 못하고서 그것도 잘못이라 생각하고 있는 것입니다. 잘못은 바로 당신에게 있습니다. 뜻이 없다면 마음이 다 같아집니다. 손가락질이 없다면, 곧 모든 것에 이르게 됩니다. 물건이 다하는 것도 영원히 존재하는 것입니다. 그림자가 옮겨가지 않는다는 이론은, 그림자는 바뀌어지는 것이기 때문에 성립됩니다. 머리카락으로도 천균(千鈞)의 무게를 끌 수 있다는 것은, 형세가 지극히 균등(均等)할 때입니다. 흰 말은 말이 아니라는 것은, 형체와 명칭을 분리시켰기 때문입니다. 외로운 송아지는 어미가 있은 일이 없다는 것은, 어미가 있다면 외로운 송아지가 아니기 때문입니다.」

악정인 자여가 말했다.

「선생께서는 공손룡의 주장을 모두 조리(條理)있다고 생각하고 계십니다. 설령 쓸데없는 구멍에서 나온 소리라 하더라도 선생께서는 역시 그것을 받들 것입니다.」

공자모는 아무 말도 하지 않고서 한참 동안 있다가 작별을 고하면서 말했다.

「다른 날을 기다려 주십시오. 다시 선생을 찾아뵙고 토론을 하겠습니다.」

中山公子牟者, 魏國之賢公子也. 好與賢人遊, 不恤國事. 而悅趙人公孫龍, 樂正子輿之徒笑之.

公子牟曰, 子何笑牟之悅公孫龍也? 子輿曰, 公孫龍之爲人也, 行無師, 學無友, 佞給而不中, 漫衍而無家, 好怪而妄言. 欲惑人之心, 屈人之口, 與韓檀等肆之.

公子牟變容曰, 何子狀公孫龍之過歟? 請聞其實. 子輿曰, 吾笑龍之詒孔穿. 言善射者, 能令後鏃中前括, 發發相及, 矢矢相屬, 前矢造準, 而無絶落, 後矢之括猶銜弦視之若一焉. 孔穿駭之, 龍曰, 此未其妙者. 逢蒙之弟子曰鴻超, 怒其妻而怖之. 引烏號之弓, 綦衛之箭, 射其目. 矢來注眸子, 而眶不睫, 矢隨地而塵不揚. 是豈智者之言與?

公子牟曰, 智者之言, 固非愚者之所曉. 後鏃中前

括, 鉤後於前. 矢注眸子而眶不睫, 盡矢之勢也. 子何疑焉?

樂正子輿曰, 子龍之徒, 焉得不飾其闕?吾又言其尤者. 龍誑魏王曰, 有意不心, 有指不至, 有物不盡, 有影不移, 髮引千鈞, 白馬非馬, 孫犢未嘗有母. 其負類反倫, 不可勝言也.

公子牟曰, 子不諭至言, 而以爲尤也. 尤其在子矣. 夫無意則心同, 無指則皆至, 盡物者常有. 影不移者, 說在改也, 髮引千鈞, 勢至等也. 白馬非馬, 形名離也. 孤犢未嘗有母, 非孤犢也.

樂正子輿曰, 子以公孫龍之鳴, 皆條也. 設令發於餘竅, 子亦將承之. 公子牟默然良久, 告退曰, 請待餘日, 更謁子論.

- 中山(중산) : 위(魏)나라 고을 이름.
- 公子牟(공자모) : 위나라 문후(文侯)의 아들. 4편의 저서가 있는데, 도가(道家)에 속한다 하며, 중산은 그의 채읍(采邑)이었다.
- 公孫龍(공손룡) : 전국시대 조(趙)나라 사람. 자는 자병(子秉). 궤변가(詭辯家)로 이름이 났었으며, 「한서(漢書)」 예문지(藝文志)에는 그의 저서 14편이 있다 했으나 지금은 6편이 전한다.
- 樂正(악정) : 음악을 관장하는 관리 이름.

- 子輿(자여) : 「사기(史記)」에 의하면, 공자의 제자인 증삼(曾參)과 맹자(孟子)의 자가 모두 자여(子輿)라 했으나, 이곳의 자여는 다른 사람일 것이다. 다만 유가(儒家)에 속하는 사람임엔 의심의 여지가 없다.
- 佞給(영급) : 말재주가 뛰어난 것.
- 不中(부중) : 이치에 들어맞지 않는 것.
- 漫衍(만연) : 산만하게 이론이 이리저리 동요하는 것.
- 無家(무가) : 일정한 주장이 없는 것.
- 韓檀(한단) : 사람 이름. 공손룡의 친구이며, 「장자(莊子)」에는 환단(桓檀)으로 쓰고 있다.
- 肄(이) : 남의 마음과 이론을 굴복시킬 궤변을 「익히는 것」.
- 詒(태) : 속이다.
- 孔穿(공천) : 공자의 자손.
- 後鏃(후촉) : 먼저 쏜 화살의 살촉.
- 前括(전괄) : 나중에 쏜 화살의 꼬리.
- 發發(발발) : 한 발 한 발 쏘는 것마다.
- 造準(조준) : 과녁에 들어맞다.
- 銜弦(함현) : 활줄에 화살이 매겨져 있는 것.
- 逢蒙(봉몽) : 옛날 활 잘 쏘기로 이름난 사람. 봉몽은 예(羿)에게 활쏘기를 배운 다음, 세상에 자기보다 활을 잘 쏘는 사람은 예뿐이라 생각하고 자기 스승을 죽여버렸다 한다.(「孟子」 離婁)
- 鴻超(홍초) : 봉몽의 제자 이름.
- 怖之(포지) : 그를 겁나게 하다. 위협하다.

- 烏號(오호) : 황제(黃帝)의 활 이름.
- 綦衛(기위) : 기(綦)나라에서는 화살을 만드는 데 좋은 대가 나고, 위(衛)나라에서는 화살에 붙이는 좋은 깃이 났다 한다.
- 眶(광) : 눈두덩.
- 睫(첩) : 속눈썹. 눈을 깜박이다.
- 塵不揚(진불양) : 먼지가 일지 않다, 곧 화살이 지극히 사뿐히 떨어지는 모양을 형용한 말이다.
- 鈞後於前(균후어전) : 뒤에 쏘는 화살을 앞에 쏜 화살과 똑같이 고르게 쏘는 것.
- 盡矢之勢(진시지세) : 화살의 세를 다하다, 화살을 매우 빠르고 지극히 가볍게 움직이도록 하는 것.
- 闕(궐) : 빈곳. 결점.
- 負類反倫(부류반륜) : 보통 종류를 어기고 인륜에 반하는 것, 곧 궤변(詭辯)을 뜻한다.
- 無意則心同(무의즉심동) : 뜻이 있으면 마음은 그 뜻하는 바로 치우치게 되지만, 뜻이 없으면 치우치지 않고 마음이 없으므로 모두 같게 된다.
- 無指則皆至(무지즉개지) : 하나만 가리키면 모든 물건에 그 가리킴이 이르지 못하지만, 손가락으로 가리키지 않으면 모든 물건에 그 가리킴이 이르게 된다.
- 盡物者常有(진물자상유) : 물건은 다함이 있지만 그 본질은 영원히 존재한다.
- 說在改(설재개) : 그림자는 옮겨가는 것이 아니라 그 본 물건이 옮겨가는데 따라 그림자는 바뀌어진다는데 이론적인 근

거가 있다는 뜻. 이런 이론은 「묵자(墨子)」에도 보인다.

- 勢之等(세지등) : 형세가 지극히 균등하게 평형을 이루고 있다면, 머리카락 정도의 힘으로 끌어도 끌려오게 마련이다.
- 形名離(형명리) : 말이 가리키는 형체로부터 명칭만을 분리시켜 놓고 보면 「흰 말」은 「말」과 같지 않다.
- 非孤犢(비고독) : 청(淸)대 학자 유월(兪樾)의 설을 따라 위에 「유모(有母)」 두 자를 덧붙여 해석하였다. 어미가 있다면, 곧 외로운 송아지는 아닌 것이다.
- 鳴(명) : 주장.
- 條(조) : 조리(條理)가 있는 것.
- 餘竅(여규) : 똥구멍, 오줌 구멍 같은 구멍을 가리킴.
- 默然(묵연) : 가만히 말 않고 있는 것. 화가 난 것을 참는 모양.

　*이 대목은 한편으로 유가(儒家)의 고루(固陋)한 사상을 꼬집으면서 공손룡 같은 궤변가(詭辯家)의 말에도 논리상으로는 어느 면에서는 진리가 있음을 주장한 우화(寓話)이다.

13.

　요(堯)임금은 천하를 다스린 지 50년이 되었으나 천하가 다스려지고 있는지, 다스려지고 있지 않은 지 알지를 못하였다. 억조(億兆) 백성들이 자기를 떠받들기를 바라

고 있는 건지, 자기를 떠받들기를 바라지 않는 건지도 알
지를 못하였다. 곁의 신하들을 돌아보면서 물어보았으나
신하들은 알지를 못하였다. 조정(朝廷) 바깥에 가서 물어
보았으나 조정 밖에서도 알지를 못하였다. 재야(在野)의
사람들에게 물어보았으나 재야의 사람들도 알지를 못하
였다.

요임금은 이어 평복을 입고서 넓은 거리로 나가 노닐
다가 아이들이 노래를 부르는 것을 들었다.

「우리 백성들이 살아감은 당신의 법도 덕택일세.

깨닫지도 알지도 못하는 새에 임금의 법칙 따르네.」

요임금은 기뻐서 물었다.

「누가 너에게 이런 노래를 하라고 가르쳐줬니?」

아이가 대답했다.

「저는 대부(大夫)에게서 들었습니다.」

다시 대부에게 물으니, 대부가 말하기를, 옛날 시라 하
였다.

요임금은 궁전으로 돌아오자 순(舜)을 불러 천하를 그
에게 물려 주었는데, 순은 사양하지 않고 그것을 받았다.

堯治天下五十年, 不知天下治歟, 不治歟, 不知億

兆之願戴己歟, 不願戴己歟. 顧問左右, 左右不知.
問外朝, 外朝不知. 問在野, 在野不知.

堯乃微服, 遊於康衢, 聞兒童謠曰, 立我蒸民, 莫
匪爾極. 不識不知, 順帝之則.

堯喜問曰, 誰教爾爲此言? 童兒曰, 我聞之大夫.
問大夫, 大夫曰, 古詩也.

堯還宮, 召舜, 因禪以天下, 舜不辭而受之.

- 億兆(억조) : 수많은 백성들.
- 微服(미복) : 평복으로 변장을 하는 것.
- 康衢(강구) : 사방팔방으로 통하는 넓은 길거리.
- 蒸民(증민) : 많은 백성들.
- 極(극) : 법(法), 도(道), 법도.
- 禪(선) : 천자의 자리를 어진 사람에게 물려주는 것.

*성인은 천하를 다스리어 교화(敎化)하여도 아무런 흔적이
남지 않는다. 따라서 자기는 물론 교화를 받은 백성들까지도
성인의 다스림을 깨닫지 못하고 지난다. 요임금은 그처럼 지극
히 훌륭한 다스림을 하다가 자기의 공로에 마음이 쓰이게 되자
순(舜)에게 임금 자리를 물려준다. 순도 성인이라서 아무런 조
건없이 물려주는 천하를 아무런 마음 없이 받아들인다. 성인들
의 정치란 이런 것이며, 유가나 도가나 궁극적인 이상에 있어

서는 이처럼 서로 합치되는 것이다.

14.

관윤희(關尹喜)가 말했다.

「자기에게 있어서는 정거(定居)함이 없고 물건으로 형성되면 그것이 드러난다. 그 움직임은 물과 같고, 그 고요함은 거울과 같으며, 그 응답은 음향(音響)과 같다. 그러므로 그 도란 물건을 따르는 것이다. 물건이 스스로 도를 어길지언정, 도는 물건을 어기지 않는다. 도를 잘 따르는 사람은 귀도 쓰지 않고, 눈도 쓰지 않고, 힘도 쓰지 않고, 마음도 쓰지 않는다. 도를 따르려 하면서도 시각, 청각, 육체, 지혜를 사용하여 추구한다는 것은 당치도 않은 일이다.

그것을 바라보면 앞에 있다가도 갑자기 뒤에 있는 것이다. 그것의 사용은 온 세상에 가득히 차고, 그것을 버리면 그 위치를 알지 못하게 되는 것이다. 그것은 또한 마음이 있는 사람이라 하더라도 멀리 떨어져 갈 수가 없는 것이며, 마음이 없는 사람이라 하더라도 가까이 다가갈 수가 없는 것이다. 그것은 오직 묵묵히 얻게 되며, 또본성(本性)대로 이루는 사람들이 그것을 얻게 된다. 안다

하더라도 정(情)을 잊으며, 할 줄 알아도 하지 않는 것이 참된 앎이며 참된 능력인 것이다. 앎이 없는 데서 출발하는 데 어찌 정이 있을 수 있겠는가? 할 수 없는 데서 출발하는 데 어찌 할 수가 있겠는가? 모여 있는 흙덩이 같은 것이오, 쌓여 있는 먼지와 같은 것이다. 비록 무위(無爲)라고는 하지만 논리적인 것은 아니다.

關尹喜曰, 在己無居, 形物其著. 其動若水, 其靜若鏡, 其應若響. 故其道, 若物者也. 物自違道, 道不違物. 善若道者, 亦不用耳, 亦不用目, 亦不用力, 亦不用心. 欲若道, 而用視聽形智以求之, 弗當矣.

瞻之在前, 忽焉在後. 用之彌滿六虛, 廢之莫知其所. 亦非有心者所能得遠, 亦非無心者所能得近. 唯默而得之, 而性成之者得之. 知而忘情, 能而不爲, 眞知眞能也. 發無知, 何能情? 發不能, 何能爲? 聚塊也, 積塵也. 雖無爲, 而非理也.

- 關尹喜(관윤희) : 본명은 윤희(尹喜), 자는 공도(公度). 함곡관(函谷關)을 지키는 관리라 해서 흔히 「관윤희」라 부른다. 노자(老子)에게서 「도덕경(道德經)」을 받아 공부한 뒤 노자를 따라 서쪽으로 갔다 한다. 그의 저서로 「관윤자(關尹子)」 1권

이 전해지고 있으나 후세 사람의 위작임이 분명하다.
- 在己無居(재기무거) : 자기에게 있어서는 일정한 거처 방법.
- 若物(약물) : 밖의 일이나 물건을 따르는 것. 이곳의 「若」은 「順(순)」과 같은 뜻임.
- 六虛(육허) : 동서남북과 상하를 합친 온 세상.

* 여기에서는 도(道)를 얻는 요체(要諦)를 설명하고 있다. 도는 시각이나 청각 또는 지각이나 힘 같은 사람의 감각이나 육체적인 능력으로 얻어지는 것이 아니다. 또 마음이나 생각으로서 얻을 수 있는 것도 아니며, 반대로 무심(無心)함으로써 얻어지는 것도 아니다. 오직 묵묵히 사람의 본성대로 모든 일을 이루는 사람만이 도를 얻는다는 것이다. 묵묵히 사람의 본성대로 일을 이룬다는 것은 완전히 자연과 융합됨을 뜻하는 것이다.

명문동양문고 ㉘

열자 列子 [上]

초판 인쇄 2023년 3월 20일
초판 발행 2023년 3월 27일

역저자 김학주
발행자 김동구
디자인 이명숙 · 양철민
발행처 명문당(1923. 10. 1 창립)
주   소 서울시 종로구 윤보선길 61(안국동)
         우체국 010579-01-000682
전   화 02)733-3039, 734-4798, 733-4748(영)
팩   스 02)734-9209
Homepage www.myungmundang.net
E-mail mmdbook1@hanmail.net
등   록 1977. 11. 19. 제1~148호

ISBN 979-11-91757-57-6 (03150)
10,000원